傀儡政権

日中戦争、対日協力政権史

広中一成

角川新書

はじめに

「漢奸」という負い目と覚悟

「私も之《これ》で愈々《いよいよ》漢奸《かんかん》と言われることになるでしょう」（梅思平《ばいしへい》）

漢奸――みなさんはこのことばをご存知でしょうか。漢は漢民族、すなわち中国人のこと、奸は中国語で不正をはたらく人、敵に内通する人のことをいいます。つまり、漢奸とは、中国を裏切った中国人、売国奴《ばいこくど》を意味します。

古くより、異民族の侵入を受けて多大な被害にあってきた中国は、敵とつながって国家に危険を及ぼす漢奸を、ことさら忌み嫌いました。

中国史上、もっとも有名な漢奸は、宋代中期（南宋《なんそう》）の宰相秦檜《しんかい》です。当時、南宋は北方の異民族国家の金《きん》からたびたび攻撃を受けていました。

和平派の秦檜は、南宋皇帝の高宗《こうそう》に金と停戦するよう提案します。その一方で、徹底抗戦を主張する主戦派の将軍岳飛《がくひ》を捕らえて処刑したのです。

一一四二年、長らく敵対していた南宋と金は和議を結びます。しかし、その内容は、中国の北半分を金に明け渡し、さらに、南宋が金に臣下の礼をとり、同時に毎年多額の銀と絹を送るというものでした。

古くから、中国には中華思想という独特な考え方があります。これは、中国が世界の中心で花が開いたような成熟した文明国家であるのに対し、その周辺は文明の恩恵を受けない野蛮な地であるという発想です。

その点でいうと、金は南宋から見ると中華思想から外れた野蛮な国家でした。その国家に南宋が臣下の礼をとるということは、屈辱以外の何ものでもなかったのです。

南宋は、金との和議によって、その後およそ一〇〇年間あまり平和を維持し、山水画に代表される爛熟《らんじゅく》した文化を発展させました。

以上のような経緯をみる限り、秦檜は中華思想のプライドに固執せず、平和という実利をとった非情なリアリストであったといえます。しかし、異民族にむざむざ国土の半分を提供したという事実は拭《ぬぐ》いきれず、現在に至っても、彼は漢奸の代表格という烙印《らくいん》を押され続けているのです。逆に、岳飛は最後まで異民族に抵抗したとして、英雄とされています。

冒頭の発言を残した梅思平は、清廉潔白で知られた中華民国の地方官僚で、日中戦争中の一九三八年から、戦争終結を目指した日中和平工作に参加します。このとき、日中両国は国交が閉ざされていて、どちらも国民を一致団結させて戦争に臨んでいました。

その状況のなか、両国の一部和平派は、和平の道を探るため、非公式に接触を試みたのです。梅思平の発言は、同年、彼が初めて日本側と対面したときに出たものでした。

かりに中国の平和のために日本と手を組んでも、後世の評価は秦檜と同じになるのではないか。梅思平の発言からは、あえて漢奸といわれても日本との和平に臨む覚悟と、敵国日本とつながれば何をしても漢奸と蔑《さげす》まれる諦《あきら》めという、ふたつの異なる思いが感じ取れます。

結局、梅思平は日本の敗戦とともに上海《シャンハイ》で逮捕されます。そして、「懲治漢奸条例」、まさに漢奸の容疑で死刑に処せられたのでした。

漢奸と傀儡政権あっての日中戦争

梅思平のように、日中戦争で漢奸とされた人物はいったいどれほどいたのでしょうか。国民政府司法行政部の資料によると、一九四七年八月までに、漢奸として死刑判決を受けた人数は三四二人、無期懲役が八四七人、有期懲役が一万六六人にのぼりました（『汪偽政権全史』下巻)。

彼らは戦争中、いかなる形で日本と関わっていたのでしょうか。実は、その大半が傀儡《かいらい》政権(中国では偽政権《ぎせいけん》という)という、日本軍が中国の占領地に設立した現地政権に協力していたのです。

傀儡政権も一般的には耳慣れないことばでしょう。傀儡とは操り人形という意味です。傀儡政権は、表向き漢奸となる中国人が権力を握っているかに見えました。しかし、実際は、まるで操り人形のように彼らのそばにいた日本人の言いなりになっていたのです。

傀儡政権のなかで、比較的知られているのは満洲国《まんしゅうこく》です。満洲国は満洲事変翌年の一九三二年三月一日、吉林省《きつりんしょう》長春《ちょうしゅん》(まもなく新京《しんきょう》と改称)に成立し、日本が敗戦するまで存続しました。日本の国土のおよそ三倍の広さを持った満洲国は、大豆を中心とした農産物、ならびに石炭や鉄鉱石など鉱物資源を輸出し、戦争で大量の資源を必要とする日本を背後で支えたのです。

実は、傀儡政権は満洲国以外にも、主要なもので五つ、短期間にできたごく小さいものまで含めると、その数十倍もありました。これら大小の傀儡政権も、満洲国と同様、さまざまな形で日本の戦争をバックアップしました。

日本は満洲事変から敗戦までの約一五年間、中国と戦争をし続けましたが、それも、傀儡政権の存在なくしてはできませんでした。いわば、日中戦争の歴史は、漢奸の歴史であり、傀儡政権の歴史でもあったのです。

漢奸と傀儡政権の真相を探る

ひとくちに漢奸といっても、はじめから中国を裏切って売国奴になろうとした人物は、はたしてどれだけいたのでしょうか。傀儡政権も全員が唯々諾々と日本に従ったわけではないでしょう。操り人形も、ときには紐《ひも》が絡んで思うように動かなくなるときがあります。そのような、彼らの本当の思いは、漢奸や傀儡政権という「負のレッテル」を貼ることでわからなくなっているのではないか。私が漢奸や傀儡政権に関心を持ったのは、そのような疑問からでした。

研究を始めると、中国側ではやはり漢奸や傀儡政権は悪であるという前提で論じられているため、客観的分析に欠けていることがわかりました。これは戦争で被害を受けた立場であり、かつ現在の政治状況では、そのように評されてもやむを得ない事情があります。

一方、日本側は、実証面では中国側に勝っていますが、特定の漢奸や傀儡政権に関心が集中し、全容をとらえるような研究が不足していました。欧米の研究は、二〇〇〇年代以降になって盛んになってきましたが、日中の研究の蓄積にはまだ及びません。

以上のような研究状況を踏まえ、私は二〇一三年、六つの主要な傀儡政権の興亡をまとめた『ニセチャイナ　中国傀儡政権　満洲・蒙疆・冀東・臨時・維新・南京』（社会評論社）を上梓《じょうし》しました。同書は、これまで個別に論じられていた傀儡政権の研究をひとつにつなぎ合わせて全体像を提示した、ほかに例のない試みでした。

同書の発表から六年がたち、関連資料の公開や研究成果も目立って増えてきました。本書は、それら最新研究を踏まえながら加筆修正し、一般的にはあまり知られていない、中国本土といわれる万里の長城以南の傀儡政権に着目し、彼らの動向を探っていきます。

本書をとおして、漢奸たちとは何だったのか、彼らはなぜ傀儡政権を建てて日本に協力したのか、傀儡政権では何が行われていたのか、日本軍は漢奸と傀儡政権をどう操っていたのかという点を明らかにしていきます。

なお、本書を進めるにあたり、いくつかの呼称は次のようにします。近年、漢奸を対日協力者、傀儡政権を対日協力政権、またはコラボレーション（Collaboration）と言い換える試みがなされています。筆者も賛同しますが、やや言いづらく、また一般的ではないため、本書ではひとまず従前の呼称である漢奸と傀儡政権を用います。

「支那《しな》」や「大東亜《だいとうあ》戦争」など、今日差別的とみなされたり、使用が控えられたりしている用語については、一部固有名詞のみそのままとします。中国国民党や中国共産党など、頻出する長い呼称については、初出および一部を除いて略称を用います。使用文献については、読みやすさを考慮し、一部を除き本文中には示さず、巻末の「主要参考文献」に一括しました。

目次

第一章　冀東防共自治政府（冀東政権）

冀東防共自治政府(1936年)

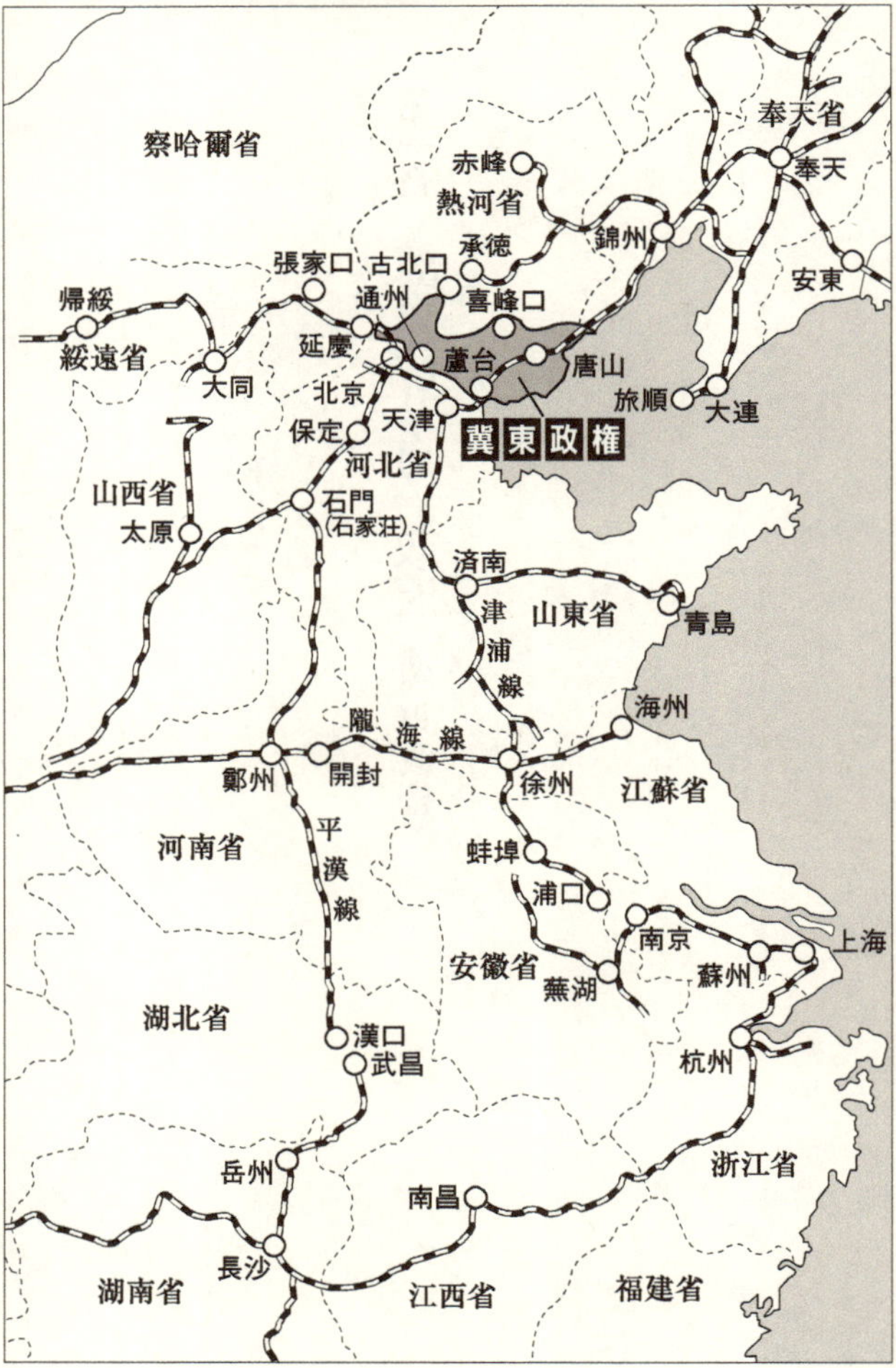

中国傀儡政権地域別系統図

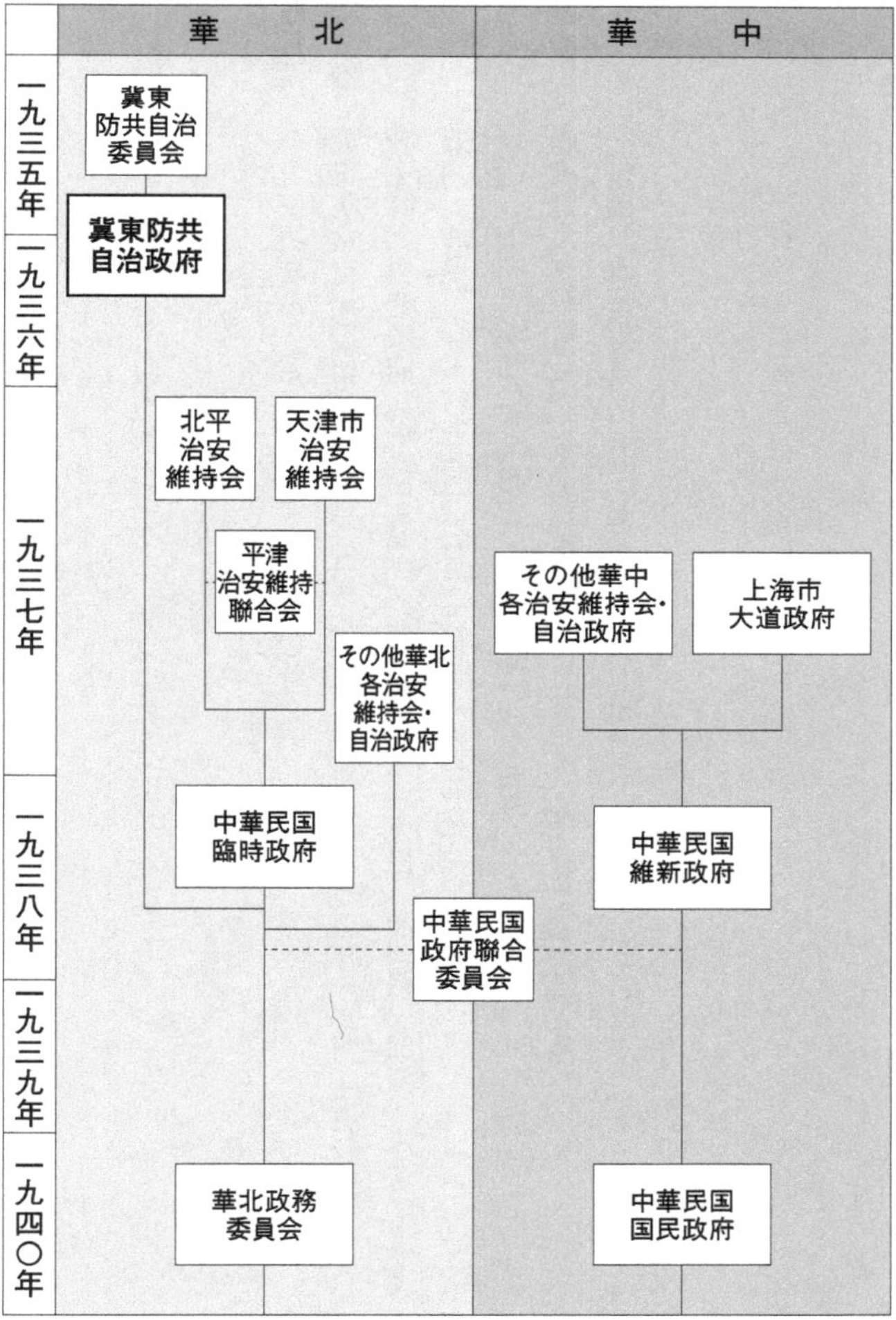

存続期間　一九三五年一一月二五日—一九三八年二月一日

政権変遷　冀《き》東《とう》防共自治委員会（一九三五年一一月二五日—一九三五年一二月二五日）

冀東防共自治政府（一九三五年一二月二五日—一九三八年二月一日）

首　都　通州《つうしゅう》（通県）（一九三五年一一月二五日—一九三七年八月九日）

唐山《とうざん》（一九三七年八月九日—一九三八年二月一日）

指導者　殷汝耕《いんじょこう》（政務長官（一九三五年一一月二五日—一九三七年七月二九日））

池宗墨《ちそうぼく》（政務長官（一九三七年七月三〇日—一九三八年二月一日））

冀東非武装地帯の設置

冀東防共自治政府（成立時は冀東防共自治委員会。以下、冀東政権）は、日本が初めて万里の長城の内側に作った傀儡《かいらい》政権です。政権名にある「冀」とは河北《かほく》省の略称で、「冀東」と冠したのは、冀東政権が河北省東部二二県（通州・灤州《らんしゅう》［灤県］・臨楡《りんゆ》・遵化《じゅんか》・豊潤《ほうじゅん》・昌黎《しょうれい》・撫《ぶ》寧《ねい》・遷安《せんあん》・密雲《みつうん》・薊県《けいけん》・玉田《ぎょくでん》・楽亭《がくてい》・盧龍《ろりゅう》・宝坻《ほうてい》・寧河《ねいが》・昌平《しょうへい》・香河《こうが》・三河《さんが》・順義《じゅんぎ》・懐柔《かいじゅう》・平谷《へいこく》・興隆《こうりゅう》）を支配したことによります。冀東政権とはいったいどのような政権だったのでしょうか。まずは政権成立までの経緯をみていきましょう。

一九三二年三月一日、満洲《まんしゅう》国を成立させた関東軍は、翌一九三三年二月下旬、熱河《ねっか》作戦と称して、同国の南に隣接する熱河省（現河北省北部）に進攻します。熱河省は以前からアヘンの産地として知られ、そこから得られる収入は、誕生まもない満洲国の主要財源として期待されました。

関東軍は、戦車隊を動員して荒野の広がる熱河省を突き進み、熱河作戦開始からわずか十日程で熱河省都の承徳《しょうとく》を落としました。さらに、関東軍は熱河省と河北省の境界となっていた長城線まで前進し、援軍に来ていた中国側正規軍の国民革命軍と衝突。

関東軍は熱河作戦の実施にあたり、参謀本部に対し、作戦はあくまで熱河省を範囲とし、長城線を抜けて南の河北省にまで戦線を広げることはないと伝え、天皇もこれに同意します。

しかし、関東軍は長城線で国民革命軍の激しい抵抗を受けると、四月、国民革命軍を追撃しながら長城線の関門を突破し、河北省東部に戦線を拡大しました。

この戦況を知った天皇は、ただちに参謀本部を通じて関東軍に長城線以北への撤退を命じ、関東軍もそれに従います。しかし、その後も国民革命軍の抵抗が止まなかったことから、関東軍は五月七日、あらかじめ、参謀本部の同意を得て、ふたたび河北省東部に進攻。国民革命軍を撃退しながら、五月下旬には北京《ペキン》（当時の呼称は北平《ほくへい》。以下、固有名詞を除き北京）の北わずか数十キロメートルのところまで迫ります。

このとき、華北では関東軍から派遣された板垣征四郎《いたがきせいしろう》陸軍少将（天津《てんしん》特務機関長に着任。以下、断りがない限り、将兵の階級は陸軍）が元湖南《こなん》督軍（湖南省の軍政長官）の張敬尭《ちょうけいぎょう》を利用して北京でクーデターを起こそうとしていました。しかし、クーデター実行直前に張は中国側の刺客によって暗殺されてしまいます。

関東軍が長城線を突破したという事態に、中国側はどう対応したのでしょうか。国民政府は、前年末に今後の国策として、対外問題の解決よりも国内統一を優先する、いわゆる安内《あんない》攘外《じょうがい》の方針を決めていました。その決定にもとづいて、国民政府は抵抗していた中国共産党軍の根拠地を包囲して壊滅させる囲剿《いそう》という包囲殲滅《せんめつ》戦の準備に取りかかります。国民革命軍は、すでに一九三〇年から囲剿を計四回行っていましたが、それらはいずれも共産党軍の巧みな抵抗に敗北。五回目となるこの囲剿は、国民政府軍事委員会委員長の蔣介石《しょうかいせき》の直接指揮のもと、国民革命軍一〇〇万人を動員するというこれまでにない最も規模の大きい作戦でした。

このように、国民政府は囲剿に国民革命軍の主力を投入したため、関東軍の進攻に充分対処することができませんでした。そこで、蔣介石は行政院長の汪兆銘《おうちょうめい》らと協議して、元外交部長で知日派として知られていた黄郛《こうふ》を華北に派遣し、関東軍に停戦を申し入れることにしたのです。黄はすでに政界を引退していましたが、蔣らの要請を受け入れて復帰し、五月中旬、列車で北京に向かいます。

暗殺された張敬堯（『改訂現代支那人名鑑』）。

関東軍は、北京の近くにまで進軍したものの補給線が延びきり、これ以上の戦線拡大は望めないと判断していました。ちょうどそのとき、黄郛から停戦の申し入れがあったため、関東軍はこれを了承しました。

五月下旬、関東軍代表と黄郛側で停戦交渉が始まりました。戦局を有利に展開していた関東軍は、自らを戦勝者とみなして黄側の提案をことごとくはねつけ、関東軍の意見を全面的に受け入れさせます。もし停戦交渉が決裂すれば、ふたたび戦いが始まってしまう可能性があったため、黄郛は関東軍の意向に応じざるを得ませんでした。

五月三一日、天津近郊の塘沽《タンクー》で関東軍と国民革命軍の代表者が集まり、塘沽停戦協定が締結されました。この協定により、察哈爾《チャハル》省（現河北省北西部から内モンゴル自治区東部一帯）延慶《えんけい》から河北省蘆台《ろだい》にかけて日中両軍の軍事境界線が設けられ、同線と長城線に挟まれた河北省東部が非武装地帯となったのです。なお、非武装地帯の政務や治安の維持は中国側が担当し、執行機関として黄郛を委員長とする行政院駐北平政務整理委員会（以下、政整会）が新たに成立します。

華北分離工作が始まる

塘沽停戦協定成立後、関東軍は満洲国の育成に重点を置きます。しかし、北京でのクーデター失敗後、一年間のヨーロッパ出張を命じられた板垣征四郎が一九三四年末関東軍参謀副長に復帰すると、関東軍はふたたび華北進出に向けて動き始めました。

また、華北でも大きな動きがありました。一九三五年五月二日夜、天津日本租界でふたりの親日系新聞社社長が何者かに暗殺される事件が起きたのです。この事態を受けて、天津に

右：黄郛（『Who's Who in China』）。知日派要人として活躍し、北京政府時代には国務総理や外交部長なども務めた。左：蔣介石の側近中の側近として知られた何応欽（同上）。

司令部を置く支那《しな》駐屯軍の酒井隆《さかいたかし》参謀長は、この暗殺事件が国民政府の犯行であると断言。彼は日本陸軍のなかで対中強硬派のひとりとして知られていました。

酒井は、出張で満洲に向かおうとしていた支那駐屯軍司令官の梅津美治郎《うめづよしじろう》中将の了解を得て、蔣介石の側近で国民政府軍事委員会北平分会代理委員長の何応欽《かおうきん》に、河北省政府の保定《ほてい》移転と国民党組織の華北撤退などを要求しました。

書面による回答を迫った酒井に対し、何応欽は返答を先延ばしにするため、いったん南《ナン》京《キン》に退避。六月一〇日、口頭で酒井の要求を大筋で受け入れることを伝えます。これは通称、梅津・何応欽協定といわれますが、口頭による成立であるため、書面による合意はなされていません。この梅津・何応欽協定により、華北情勢は一気に緊迫化します。

この頃の共産勢力の動きに目をやると、ソ連のモスクワに本部を置く共産主義政党の国際組織コミンテルンは、七月二五日から八月二〇日にかけて第七回大会を開き、日本やドイツに対抗するための国際反ファシズム統一戦線方針を採択。大会に参加していた中国共産党代表の王明《おうめい》は、八月一日、中華ソビエト政府と中共中央の名義で、「抗日救国のために全同胞に告げる書」、いわゆる「八・一宣言」を発表し、日本軍の中国侵略に抵抗するため、国民党と中国の全国民に抗日を呼びかけます。

このソ連と中国共産党の動きは、日本軍を強く刺激しました。特に、関東軍は共産勢力が華北に進出して南から満洲国に侵入されるのを防ぐため、華北を関東軍の支配下に置くべきであると考えるようになります。そして始まったのが、華北親日政権樹立を目的とした華北分離工作だったのです。

南次郎《みなみじろう》関東軍司令官の命を受けて、この工作を実施した人物が、土肥原賢二《どいはらけんじ》奉天《ほうてん》特務機関長でした。土肥原は、長年の中国生活で培った陸軍一といわれた中国語能力を用い、多くの中国人と交流を持ちました。しかし、一方で謀略の専門家というイメージから、一部の中国人の間では「土匪元《トウフエイユエン》」（盗賊の頭領という意。土肥原という名字を中国語で発音すると、これとほぼ同じ音になる）と呼ばれ恐れられていたのです。

土肥原が最初に自治政権の指導者として目をつけたのは、非武装地帯の行政監督を務めていた殷汝耕《いんじょこう》でした。殷は一八八九年、浙江《せっこう》省平陽《へいよう》県に生まれ、一九〇五年に来日後、鹿児島第七高等学校や早稲田大学政経学科（現政治経済学部）などに留学。一九二五年、奉天軍閥の張作霖《ちょうさくりん》配下の郭松齢《かくしょうれい》が反乱を起こすと、日本人支援者の要請を受けて郭の幕僚となり、関東軍や外務省との折衝役を務めました。そして、殷は張作霖軍に敗れて日本に亡命すると、反乱に参加した理由や亡命に至った経緯を新聞に連載し、日本人の注目を浴びます。

その後、殷汝耕は黄郛の知遇を得て、外交部駐日特派員や上海《シャンハイ》市政府参事などを歴任しました。そして、黄が政整会委員長になると、殷は非武装地帯の行政を監督する行政督察専員となりました。

殷汝耕（『冀東画報』）。日本留学中に日本語能力がかわれて孫文の通訳を一時務めた。

殷汝耕は早稲田大学在学中、友人の紹介で日本人女性の井上民恵《いのうえたみえ》（後に民慧《みんけい》と称す）と結婚し、常磐津《ときわづ》や長唄《ながうた》もたしなむなど、日本の生活や文化に深く慣れ親しみました。また、殷は一時期、孫文《そんぶん》の通訳を務め、日本人とほとんど変わらない日本語能力を持っていたのです。土肥原は殷が日本の事情に通じ、また、依然として混乱の続く華北の安泰を望んでいたことから、政権設立の説得に応じると確信していました。

なお、殷汝耕の言説を分析した関智英《せきともひで》（「冀東」の構想―殷汝耕と池宗墨―）によると、若い頃の殷は、日中提携の重要性を訴える一方、日本の中国に対する独断的態度を批難する議論を展開しました。しかし、一九二〇年代後半頃から殷と蔣介石の関係が悪化したこと、殷の後ろ盾となっていた黄郛が日中関係の悪化にともない政治的影響力を失ったことが原因で、中国政界に残るための拠《よ》り所が日本しかなくなり、最終的に政権樹立を決意したのです。

殷汝耕と並んで土肥原が注目したのが、国民革命軍第二九軍軍長の宋哲元《そうてつげん》でした。宋は一八八五年、山東省《さんとう》楽陵県《がくりよう》生まれ。父の勧めで軍人を志し、一九一三年、北洋軍閥《ほくよう》の馮玉祥《ふうぎよくしよう》率いる第二団第二営前哨哨長（哨《しよう》の兵力はおよそ一〇〇人）に任じられ、以後、馮玉祥の側近として各地を転戦します。なお、北洋軍閥とは、清末の大官李鴻章《りこうしよう》が創設した淮軍《わいぐん》を基礎とし、中華民国大総統の袁世凱《えんせいがい》を中心に形成された軍事勢力でした。

一九三〇年、馮玉祥が蔣介石との戦いに敗れて下野すると、宋哲元は馮軍の残部をまとめて国民革命軍に帰順し、第二九軍軍長に任命されました。宋は東北政務委員会委員や察哈爾省政府主席なども務め、熱河作戦では長城関門の喜峰口《きほうこう》で関東軍を撃退し、名声を得ます。

一九三五年八月、宋哲元は、北京市長兼平津衛戍《えいじゆ》司令という首都防衛の要職に就きます。

土肥原は、華北の政治経済の中心地を支配している宋哲元と殷汝耕を合わせれば政権が作り出せる、と考えました。

土肥原はどのような方法で政権を設立しようと計画していたのでしょうか。一〇月、土肥原は部下の特務機関員らを使って、非武装地帯に隣接する香河県で国民政府に対して自治を求める民衆運動を発生させます。彼の計画は、華北の民衆が自発的に自治を求めていると見せかけて、その「民意」を受けた華北防共自治委員会を設立して華北自治を宣言させ、最終的に華北五省（河北・山東《さんとう》・山西《さんせい》・綏遠《すいえん》（現内モンゴル自治区中部）・察哈爾）を支配する防共自治政権を成立させる、というものでした。

宋哲元（『Who's Who in China』）。

国民政府と距離を置いていた人物たち

政権の参加者としては、殷汝耕や宋哲元のほか、河北省政府主席の商震《しょうしん》、山東省政府主席の韓復榘《かんふくく》、山西省政府主席の閻錫山《えんしゃくざん》、さらにはすでに政界の一線を退いていた呉佩孚《ごはいふ》や曹錕《そうこん》、曹汝霖《そうじょりん》などが検討されていました。商震は蔣介石直属の軍人でしたが、韓復榘と閻錫山は、もともと北洋軍閥出身で、蔣介石や国民政府とは一定の距離を置いていた人物です。

そのほかの人物の経歴についても簡単に触れておきましょう。呉佩孚は一八七四年、山東省蓬莱《ほうらい》県生まれ。一九〇二年、呉は直隷《ちょくれい》総督の袁世凱が河北省保定《ほてい》に設立した陸軍速成学堂に入学し、以後、北洋軍閥系の軍人として戦歴を重ねます。一九二六年七月、中国の統一を目指し、国民政府の蔣介石が北伐を始めると、呉は湖北《こほく》省で国民革命軍に敗れました。

曹錕は、一八六二年に天津で生まれました。曹は日清戦争で袁世凱の部隊に従軍して以後、袁に取り立てられ、北洋軍閥の主要人物として出世を果たしていきます。

一九二三年一〇月、曹錕は、国会選挙で中華民国大総統に選出されましたが、これは事前に議員たちを買収した結果によるものでした。そのため、この選挙はのちに「賄選《わいせん》」と呼ばれることになります。そして、この「賄選」に反発した奉天軍閥の張作霖が一九二四年に第二次奉直戦争を起こし、曹錕に反旗を翻します。さらに、北京で張作霖に味方した馮玉祥のクーデターが成功し、曹は失脚を余儀なくされました。

曹汝霖は、一八七七年に上海で生まれ、日本留学後、清朝末期の商務部や外務部に勤め、中華民国成立後は総督府顧問や外交部次長などを歴任。日本が対華二一ヵ条を提出した際は、外交部長の陸徵祥《りくちょうしょう》とともに交渉にあたります。

しかし、曹らが日本側の要求を受け入れると、中国民衆から売国奴を意味する漢奸《かんかん》と呼ばれて非難されました。さらに、一九一九年の五四運動では、抗日ナショナリズムに燃えた学生らに断罪され、自宅が焼き払われました。その後、曹は華北金融界に活動の場を移します。

冀東防共自治委員会の成立

このように、土肥原が考えた国民政府と距離を置く人物を使って地方自治委員会を立ち上げ、それをもとに政権を作り上げていくという土肥原のやり方は、満洲国を建国したときの方法とよく似ています。満洲国の場合も、まず満洲事変に協力した奉天軍閥の張景恵《ちょうけいけい》や熙洽《きこう》が、東北行政委員会を組織します。そして、関東軍の指示のもと、彼らによって満洲国が建てられたのです。

その後、土肥原の計画は予定通り進んだのでしょうか。関東軍司令部から一一月中に華北分離工作を終えるように命令された土肥原は、宋哲元と何度も会い、自治委員会を作るよう迫ります。また、関東軍は土肥原を支援するため、長城線に部隊を前進させ、宋に軍事的圧力をかけました。

これに対し、宋哲元は土肥原の誘いに乗って自治委員会を設立することにより、漢奸と揶《や》揄《ゆ》されてこれまで築いてきた地位を失うことを恐れました。そのため、宋は土肥原にあいまいな態度をとって、自治委員会の設立を引き延ばすとともに、蔣介石に何度も電文で状況を報告して助けを求めました。蔣は宋からの連絡で華北分離の危機が迫っていることを認識すると、宋にこれ以上土肥原を相手にしてはならないと命令しました。

一方、殷汝耕は国民政府に秘密で関東軍司令部を訪問したり、非武装地帯に日本人顧問を置いたりするなどして、急速に関東軍に近づいていきます。なお、非武装地帯の政務や治安問題を担当していた政整会はすでに八月に業務を停止していて、非武装地帯の管理は殷汝耕が一手に引き受けていました。

一一月二〇日、土肥原はこの日を自治委員会設立の期限としていましたが、宋哲元とともに土肥原から勧誘を受けていた商震と韓復榘は、どちらも動こうとはしませんでした。そして、宋も土肥原に自治委員会を設立しないことを伝えます。計画が思うようにいかなくなった土肥原は、殷汝耕にまず自治委員会を作らせ、それから宋哲元や韓復榘を取り込むという方針に改めました。

二四日、土肥原は殷汝耕を天津のホテルに呼んで自治委員会設立を要請。殷汝耕はこれに同意すると、行政督察専員の本部があった通州に戻り、二五日、非武装地帯二二県を支配領域とする冀東防共自治委員会を設立します。そして、殷汝耕は宋哲元と韓復榘に対し、ふたりが政権を作り次第、冀東政権はそれに合流すると宣言しました。

冀東政権成立後も土肥原が宋哲元に自治政権を設立するよう迫ったため、蔣介石は事態収

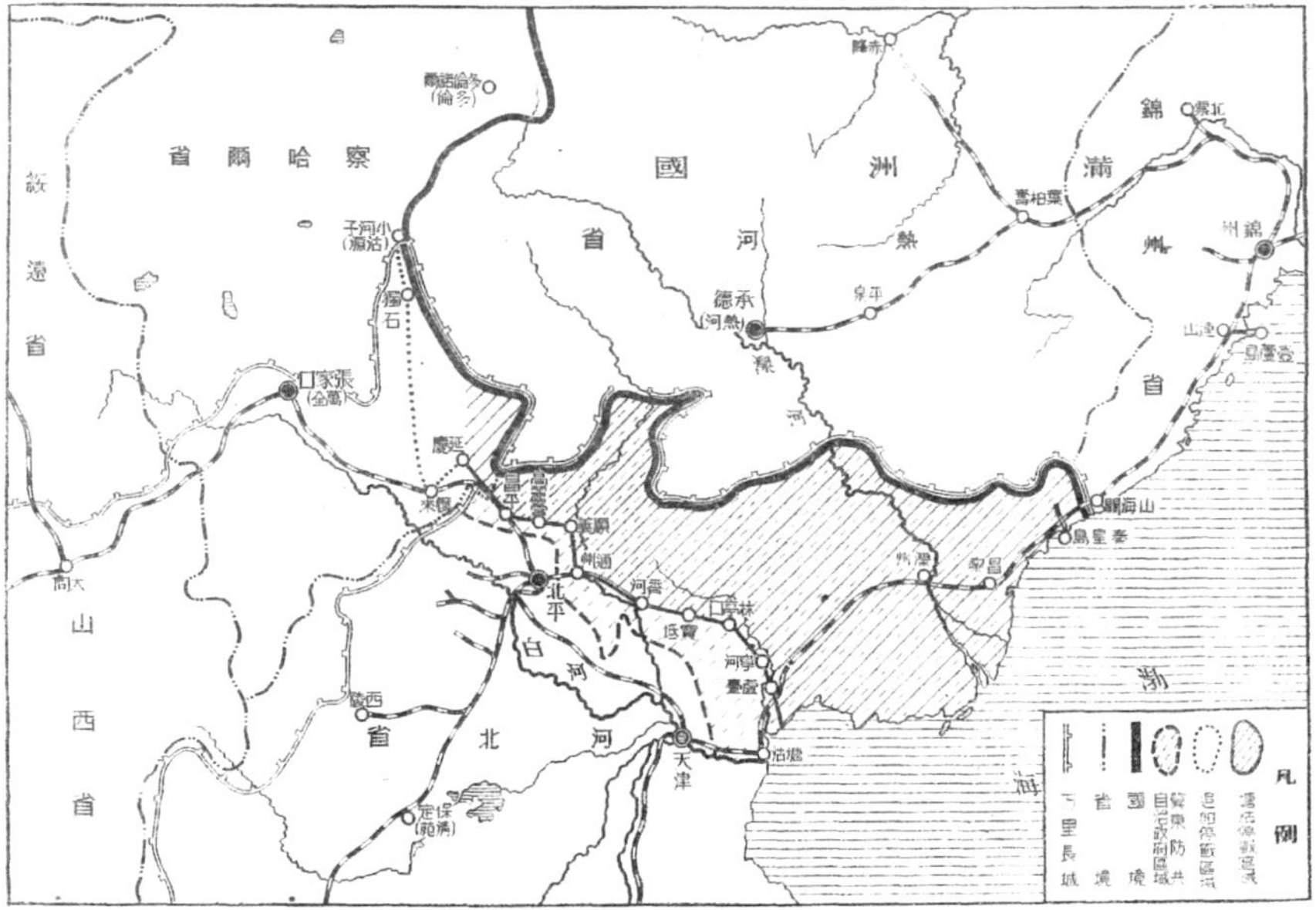

冀東政権の支配領域（斜線部分）（『昭和十年の国際情勢』）。

拾の一策として、一二月一一日、河北省と察哈爾省を管轄領域とする冀察《きさつ》政務委員会（以下、冀察政権）の設立を決定（発足は一二月一八日）、宋哲元を委員長に任命します。そして、冀察政権に国民政府の承認のもとで一定程度の自治権を与えました。蔣介石は、華北自治政権樹立という日本側の要求に応《こた》えつつも、中国側が機先を制して華北を自治化することで、華北政局の主導権を握ることに成功したのです。

冀察政権の成立と崩壊

ここで、冀察政権とはどういう政権だったのか、簡単にみておきましょう。冀察政権は冀東政権と名称が似ているため、しばしば同一視されますが、実際は大きく異なります。

冀察政権は委員長の宋哲元と一七人の委員で構成され、河北・察哈爾両省と北京・天津二市の政務を統轄。政権内には日常業務を行う秘書処・政務処・財務処のほか、経済・外交・建設・交通・法制の五つの特種委員会が置かれ、それぞれの専門業務を処理しました。これらの組織は、すべて国民政府の承認を受けて設置されました。この点だけみても、冀察政権は国民政府から認められていない冀東政権とは、まったく相反する性格を持った組織であったといえます。

しかし、華北に共産勢力が侵入するのを防ごうとした日本軍にとって、冀察政権は国民政

冀察政務委員会の主要人物と役職(1936年)

役　　職	人　　物
委員長	宋哲元
委　員	王揖唐、劉哲、賈徳耀、萬福麟、胡毓坤、高凌霨、周作民、門致中、張自忠、冷家驥、秦徳純、鈕伝善、陳中孚、陳覚生、石友三、曹汝霖、湯爾和
顧　問	劉郁芬、張璧、鹿鐘麟
参　事	葛雲龍
秘書処長	戈定遠
政務処長	楊兆庚
財務処長	過之翰
常務委員会委員	賈徳耀、斉燮元、秦徳純
外交委員会主席	陳中孚
経済委員会主席	李思浩
交通委員会主席	曹汝霖
建設委員会主席	門致中
教育委員会主席	湯爾和
法制委員会主席	章士釗
文化委員会主席	王揖唐

出典:『最近支那要覧』(東亜研究会、1936年〔追補再版〕)548頁をもとに筆者作成。
表中の教育委員会と文化委員会は、実際には設置されなかった。

府の支配下とはいえ、冀東政権と同様に「防波堤」の役割として極めて重要な存在でした。一九三六年三月、支那駐屯軍の多田駿《ただはやお》司令官は、天津に宋哲元を招いて、防共協定の締結に関する話し合いを行います。

同時に、日本軍は華北の経済開発を推し進めるため、冀察政権と協議を重ね、天津を中心にいくつもの日中合弁企業を設立させました。冀察政権は、日本側と防共問題や経済面で妥協を図ることにより、日本軍の武力侵攻を押しとどめ、華北情勢を安定させようとしたのです。

一方、宋哲元に率いられた第二九軍は、日本軍によって満洲を追われた張学良《ちょうがくりょう》軍（旧東北軍）の兵士が多くいたため、抗日意識が強く、さらに共産党員が軍内に潜入し、将兵たちに向けて抗日宣伝を繰り返していました。

一九三六年五月、支那駐屯軍が関東軍との軍事バランスを図るため兵員を増やすと、華北の軍事的緊張は急速に高まりました。そして、一九三七年七月七日、日中両軍は盧溝橋《ろこうきょう》で武力衝突を起こします。

一一日に北京の日中両軍代表は停戦協定を結び、盧溝橋事件の局地的解決を図ります。しかし、その後も現地での戦闘は続き、七月二九日から三〇日にかけて、北京と天津が相次いで日本軍に占領されました。

北京陥落前日の二八日、宋哲元は国民政府の事前の許可を得ることなく、元北京市長の秦《しん》徳純《とくじゅん》らと北京を脱し、河北省保定《ほてい》に逃亡。冀察政権の委員長代理には天津市長で第二九軍第三八師長の張自忠《ちょうじちゅう》が就任しますが、張も八月九日に辞職し、以後は北京に残留した冀察政権委員らの共同管理となります。しかし、日本軍占領下の華北に冀察政権が存在する意味はすでになく、一九日、委員らは冀察政権の解散を宣言しました。

冀東政権は「殷汝耕ファミリー」が中枢を握っていた

ふたたび、冀東政権に話を戻します。殷汝耕は冀察政権を設立した宋哲元に冀東政権との合流の意思がないことがわかると、一九三五年一二月二五日、冀東防共自治委員会を冀東防共自治政府に改組し、自治政権としての体制を強化します。

通州に政庁を置いた冀東政権の中央組織は、政務長官の殷汝耕を頂点に、秘書長の池宗墨、さらにその下に民政（初代庁長〔以下同〕張仁蠡《ちょうじんれい》）・財政（趙従懿《ちょうじゅうい》）・建設（王厦材《おうかざい》）・教育（王厦材）・実業（殷体新《いんたいしん》）の五庁と秘書（初代処長〔以下同〕池宗墨）・外交（池宗墨）・保安（董《とう》鳳祥《ほうしょう》）の三処で構成されていました。

冀東政権が支配下に置いた河北省東部二二県では、民政庁の指示のもとに県政が運営されていました。しかし、実際は冀東政権によって承認された日本人顧問が県長を指導していたのです。冀東政権の中央機関にも日本人顧問は配置されていましたが、満洲国のようにあら

冀東防共自治政府政庁（絵はがき、筆者蔵）。もともと同地は孔子廟（文廟）で、冀東非武装地帯成立後、督察専員公署が設置されていた。

ゆる機関に置かれていたわけではなく、顧問の影響力も限定的でした。

秘書長として五庁三処の政務を実質上統括していた池宗墨は、殷汝耕に次ぐ冀東政権の実力者でした。池は殷汝耕と同郷で、明治大学に留学後、北京中学校校長や中国銀行鄭家屯《ていかとん》分行行長などを務め、旧知の間柄だった殷汝耕が冀東非武装地帯の行政督察専員に任命されると、殷の招きで行政督察専員公署秘書長に就任し、殷を補佐します。

池宗墨以外にも、冀東政権には殷汝耕の古くからの友人や側近、または親族が政権の主要幹部に選ばれています。たとえば、実業庁長の殷体新は殷汝耕の甥《おい》、禁煙総局局長の劉友恵《りゅうゆうけい》は殷の義兄、殷汝耕付日本人顧問の井上喬之《いのうえたかゆき》は義弟（殷の妻民慧の弟）、同じく顧問の金井房太郎《かないふさたろう》は

軍装した殷汝耕（絵はがき、筆者蔵）。

殷が郭松齢事件に敗れて奉天省新民屯《しんみんとん》の日本領事館分館に逃げ込んだとき、殷の日本亡命を手助けした領事館付の警察官です。また、妻の民慧も殷汝耕を陰で支えるなど、冀東政権は「殷汝耕ファミリー」が中枢を握っていました。

満洲国と手を結ぶ

冀東政権ができたことに、日中や欧米はどう対応したのでしょうか。国民政府は冀東政権が成立すると、ただちに殷汝耕の逮捕令を発するとともに、中国駐在の各国大使に向けて、殷汝耕の一切の行為はすべて無効であるとの通知を出します。

一二月三日、駐英中国大使の郭泰祺《かくたいき》は、イギリス外相のサミュエル・ホーアと会談し、華北が日本軍の圧迫を受けていることを伝えたうえで、イギリス政府に中国の領土保全と主権尊重を規定した九カ国条約および国連規約にもとづいた対応をとるよう求めました。

これに対し、ホーアはイギリス政府の対中政策は九カ国条約を原則とし、華北の問題についてはすでにアメリカ政府と協議に入っていると答えました。イギリスは華北に炭鉱利権や海関（港に設置された税関）利権を持っていましたが、その一部が冀東政権の支配領内にあったため、華北の情勢に注意を向けていたのです。郭泰祺は冀東政権が成立した事情を欧米に伝え、華北の事態を日中二国間の問題から、欧米を巻き込んだ世界的問題に広げようとしていました。

次に日本側の動きをみていきましょう。外務省は一二月、冀東政権の成立は中国の内政問題であるため、日本政府としては関与しない考えを明らかにします。外務省は一〇月から、中国側と関係改善を目的とした広田《ひろた》三原則交渉を進めていて、冀東政権の問題で中国と対立することを回避しました。広田三原則とは、この年の夏頃より外務省が陸海軍と協議を重ねたうえで決定した日本の対中政策の基本目標で、その内容とは、排日言動の取り締まり・満洲国の独立の黙認・共同防共の三点です。

1936年3月3日、天津の支那駐屯軍司令部を訪れた殷汝耕（左）と多田司令官（『歴史写真』第275号、1936年4月）。

陸軍中央（陸軍省と参謀本部の総称）は、関東軍が塘沽停戦協定成立以降も依然として華北の問題に介入し続けたことに不満を持っていました。関東軍が冀東政権を成立させたことを受け、参謀本部は一月、華北問題の対応策をまとめ、今後の冀東政権の指導は支那駐屯軍が担当し、冀察政権が自治を確立した場合、冀東政権を誘導して冀察政権と合併させることを方針に定めます。

冀東政権はこれら日中と欧米の反発にどう対処したのでしょうか。一九三五年一二月二六日、殷汝耕は冀東政権を取材に訪れた記者団に対し、冀東政権は諸外国と外交関係を結ぶつもりはないが、満洲国だけは隣接しているため、外交関係を結ばざるを得ないと語りました。冀東政権は満洲国と手を結ぶことで、外交的孤立無援を避けようとしたのです。一方、満洲国や関東軍にとっても、対ソ防衛の観点から、後方の冀東政権と関係を作ることは何ら拒否するものではありませんでした。

一九三六年一月一〇日、大橋忠一《おおはしちゅういち》満洲国外交部次長は通州を訪れ、池宗墨と満洲国と冀東政権の修好条約に関する協議を行い、一一日、天津で条約を締結。この条約で両政権は互いに主権を承認し、あわせて両政権下住民の交流促進、発行紙幣の流通、共同防共の実行などを約束しました。

さらに、四月一三日、冀東政権は満洲国と関東軍に謝意を表すことを目的に、池宗墨を団長とする冀東修好使節団を新京《しんきょう》に派遣します。これに対し、満洲国も通州に答礼使を送り、冀東政権との友好関係を深めました。

国際問題となった冀東特殊貿易（冀東密貿易）

このように、諸外国の反発を受けながらも、満洲国と関東軍の後ろ盾を得ることができた

新京を訪れた冀東修好使節団。前列左が団長の池宗墨（『満洲国現勢』）。

冀東政権は、以後、さまざまな親日満政策を実施していきました。それらの政策のなかで、最も国際的に問題となったのが、冀東特殊貿易（冀東密貿易）です。冀東特殊貿易とはいったいどういう政策であったのでしょうか。

冀東政権が支配した河北省東部は、日本の九州ほどの面積がありましたが、満洲事変後の相次ぐ戦災の影響で税収が激減。そのため、同地方を地盤とする冀東政権は政権発足直後から、深刻な財政難に陥ります。冀東政権は財源を得るため、当時、渤海湾《ぼっかいわん》で横行していた日本製品の密輸入に着目しました。

一九三〇年、日本が中国の関税自主権を認めると、国民政府は中国国内の排日運動の高まりとともに、日本製品に対する海関税（輸入関税）を引き上げます。その結果、一九三三年には、日本製の人造絹糸や砂糖などの海関税率が以前の二倍から四倍にまでなったのです。

当時、日本から大連《だいれん》に運び込まれた日本製品は、中国の伝統的な木造帆船のジャンク船によって天津や渤海湾沿岸、山東省北部沿岸などの港に輸送されていました。国民政府はジャンク船が密輸入をしないよう、渤海湾に監視船を派遣するなどして取り締まりを実施。ところが、一九三五年六月の梅津・何応欽協定で中国側の密輸取り締まりが緩むと、国民政府の高関税から逃れるため、多くのジャンク船が渤海湾で密輸入をはたらくようになりました。

密輸入の方法はさまざまでしたが、最も多かったのが、関東州方面から吹いてくる風に乗って渤海湾を縦断してきたジャンク船や小舟が港のない浜辺に近づき、密輸監視員の目を欺いて密輸品を運び入れるというやり方です。また、資金に余裕のあった密輸業者は、賄賂《わいろ》を使って密輸監視員に陸揚げを見逃されていました。

さらに、一九三四年後半になると、秦皇島《しんこうとう》港の周辺で発動機船や汽船を使った密輸入が盛んに行われるようになりました。海路以外に陸路では、ラクダやロバを使って徒歩で長城線を抜けたり、河北省東部を横断する北寧《ほくねい》鉄道（山海関《さんかいかん》―北京）を使ったりして、日本製品が河北省東部に流入しました。彼らによって密輸入された商品は、銀・砂糖・人造絹糸・毛織物・綿布・ライスペーパー・アルコール・ゴムタイヤ・海産物などで、少量ながらアヘンもそれら製品に紛れて運び込まれていたのです。

1936年5月18日、満洲国答礼使一行と殷汝耕（右から三人目）の記念撮影（『満洲国現勢』）。

密輸入による利益は、海路の場合、一航海につき四〇トン級の発動機船一隻でおよそ一三〇〇円ありました。当時、日本の国家公務員の初任給が七五円ほどでしたので、その儲《もう》けぶりがわかります。

一九三六年二月一二日、冀東政権は密輸品を取り締まるとの名目で、渤海湾沿岸の五カ所に密輸品の陸揚げ地を設け、査験料（検査費）と称し、密輸品に対して国民政府の正規輸入税の約四分の一の特別税を徴収することを発表します。これにより、密輸入は冀東政権によって「合法化」され、冀東政権はこれを冀東特殊貿易と命名しました。

このとき、冀東政権を背後で動かしていたのは、やはり関東軍でした。関東軍の狙いは、冀東特殊貿易で冀東政権の財政を助けるだけでなく、国民政府の高関税政策に対抗することだったのです。すでに述べたとおり、冀東政権の指導権は支那駐屯軍にあり、冀東特殊貿易の実施についても、同軍は反対の立場でした。しかし、冀東政権と関東軍との結びつきをなかなか切り崩せず、関東軍の思うままにされてしまいました。

冀東特殊貿易を実際に指揮したのは、冀東沿海輸入貨物査験所顧問の宮田《みやた》天童《てんどう》という日本人です。宮田は長崎県五島列島出身で、アジア主義を掲げた政治団体の玄洋社《げんようしゃ》に所属し、しばしば中国に渡っては貿易などの業務に従事していました。殷汝耕は若い頃、玄洋社の総裁で、国権主義者として政官界に大きな影響力を持っていた頭山満《とうやまみつる》と親交があり、その関係から宮田が顧問に招かれたのです。

冀東特殊貿易の正確な収益は不明ですが、冀東政権は、冀東特殊貿易で年間約二〇〇〇万元ほどを得られると推算していて、貿易が盛んとなった一九三六年五月には、一五二万元の税収を見込んでいました。貿易で得られた税収は決して多いとはいえませんが、他に目立った税収の見込めない冀東政権にとっては、きわめて貴重な財源だったのです。

冀東特殊貿易によって、国民政府の海関税収入は一九三六年四月だけでおよそ八〇〇万元も減少。このままだと、一年間で国民政府の全収入の三分の一となる一億元の税収減が予想されました。国民政府は当然のことながら、冀東特殊貿易に反発し、密輸の取り締まりを強化します。また、権益として海関税を管理していたイギリスをはじめとする欧米各国も冀東特殊貿易に強く反対し、日本政府に密輸問題を解決するよう要求しました。そして、日中両政府が密輸の取り締まりを行ったことと、密輸業者が冀東政権の査験料すら払うのを拒み、荷揚げの場所を渤海沿岸から密輸ルートのある天津方面に移した結果、冀東特殊貿易は一九三六年六月以降、急速に衰退していったのです。

アヘン専売はわずかな利益にしかならなかった

冀東特殊貿易とともに、冀東政権が財源確保を目的に実施したのがアヘン専売です。冀東政権のアヘン専売制度は、すでに政権発足前から毛里《もうり》英於菟《ひでおと》を中心とする支那駐屯軍甲嘱託班第二班によって検討が重ねられていました。

大蔵官僚だった毛里は一九三三年四月、満洲国に渡って国務院総務庁主計処特別会計科長に就任します。一九三五年夏に支那駐屯軍が関東軍に華北経済調査を任せられる人材の派遣を要請すると、毛里は満洲国政府官員からなる甲嘱託班のメンバーのひとりに選ばれ、華北に向かいました。

この甲嘱託班の内部は調査内容ごとに五つの班に分かれていました。毛里が所属していた第二班は、主に華北の財政と貿易の立案調査を担当し、特に財政政策の研究では、「北支財政の自立的方策」や「新財政組織の確立方策」など、華北新政権樹立を念頭に置いたテーマの調査を行ったのです。

また、アヘン専売についても、毛里は検討結果を冀東政権成立後の一九三五年一二月二〇日に「冀東区ニ於ケル阿片専売制ニ関スル意見」としてまとめました。しかし、毛里らが冀東政権の財政状況を調べたところ、一定の税収入があることがわかったため、アヘン専売制度の導入をいったん見送ります。

冀東政権が一九三六年四月になって大規模な交通インフラ計画を決定し、多額の費用が必要になると、支那駐屯軍は、満洲国のアヘン専売制度をもとに関連法令を整備し、七月一一日、冀東政権は法令を一斉公布。専売の目的は満洲国と同様、アヘン中毒者の救済とされ、専売の仕組みも満洲国のやり方をほぼそのまま踏襲します。

しかしながら、アヘン専売で多額の収入を得た満洲国に対し、冀東政権の場合、アヘン専売制度の不備と冀東領内でのアヘン密輸の横行から、アヘン専売の収入のほとんどが専売に関わっていたアヘン商に渡ってしまいました。結局、アヘン専売制度は冀東政権にほんのわずかの利益しかもたらさなかったのです。

冀東政権こそが中華民国建国の理念を継承している

冀東政権成立一周年式典で閲兵式に臨む殷汝耕（『満洲国現勢』）。

日中関係に悪影響を与えていた冀東政権などの懸案を解決するため、川越茂《かわごえしげる》駐華日本大使と張群《ちょうぐん》国民政府外交部長は一九三六年九月、南京で協議を開きます（川越・張群会談）。会談のなかでは日中関係改善のひとつとして、冀東政権の解消問題が話し合われました。

この日中の動きに対し、冀東政権は政権解消を阻止するため、これまで中国から独立しないという立場から制定していなかった「国旗」を作成し、冀東政権成立一周年記念式典でこれを発表します。このとき制定された旗は、中華民国が建国当初掲げていた五色旗でした。五色旗は上から赤・黄・青・白・黒の順に色分けされ、それぞれの色が中国を構成する、漢人（赤）・満人（黄）・蒙古《もうこ》人（青）・ウイグル人（白）・チベット人（黒）を意味していました。これは中華民国の建国理念である「五族共和」を表現しています。冀東政権は、青天白日満地紅旗を掲げる蔣介石を指導者とする国民党と国民政府の統治体制を批判するため、五色旗を掲げたのです。そして、冀東政権こそが中華民国建国当初の理念を継承する政権であることを主張しました。

また、冀東政権は国民党が第一次国共合作を行って以後、共産化したと強く批判しました。第一次国共合作とは、一九二四年一月二〇日に広州で開かれた国民党第一回全国代表大会(一全大会)で成立した、国民党と共産党との提携(合作)のことをいいます。一全大会の席で、孫文は国共合作を実現するため、国民党の綱領に連ソ(ソ連と提携する)・容共(国民党内に中国共産党を受け入れる)・扶助工農(商工業者と農民が助け合う)の方針を掲げることを発表します(新三民主義)。コミンテルンの幹部と接触していた孫文は、軍閥を打倒して中国を統一するためにソ連の手を借り、敵対していた共産党と手を結ぶ道を選びました。

それもつかのま、孫文死去後の一九二七年、反ソ反共を主張する国民党右派の蔣介石が上海で共産党員を殺害し(四・一二事件)、国共合作が崩壊。国民党はふたたび共産党と対立し、国民党の一党独裁政権である国民政府も反共政策を次々と実施していきます。

国民党が共産化したという冀東政権の主張は、やはり矛盾に満ちたものだったといえます。しかし、冀東政権はいくつかの反共政策を実施することで、政権の「正当性」を訴えていきました。その政策のひとつが教科書の改訂です。

1936年7月3日、南京の国民政府大礼堂で政府主席の林森（前列中央）に国書を奉呈した川越（前列左から二人目）。林森の右隣が張群（『歴史写真』第279号、1936年8月）。

中華民国建国後、中国の学校では、国民党の基本理念である三民主義（旧三民主義）にもとづいて作成された国定教科書が使われました。三民主義とは民族主義（民族の独立）・民権主義（民主制の実現）・民生主義（地権の平均・経済不平等の是正）の三つからなり、第一次国共合作が成立すると、三民主義は上述の新三民主義に書き換えられていきます。

冀東政権は成立後まもなく、満洲国側と協力して教科書の改訂作業に着手し、早くも一九三六年三月に小学校用教科書を各学校に配布します。教科書にはどんなことが書かれていたのでしょうか。

たとえば、『初級小学常識教科書』の「防共自治と冀東」という一文では、万里の長城の壮大さを述べたうえで、「我々皆防共自治の決心があり、協力一致して冀東防共自治政府の指導の下に防共の国防を建設することは長城よりもさらに堅固に、自治の国脈を開拓することは運河よりもさらに長く遠大でなければならない」と、冀東政権成立の目的である「防共」と「自治」について語られています。しかし、これが小学生にどれほど理解されたのかはわかりません。

冀東政権は教科書だけでなく、新三民主義について書かれた著書や雑誌を書店の店頭から回収しました。そして、それらを住民の前で燃やし、反共の意志を明確に表します。

一方、冀東政府領内では、共産党員が潜入して住民らに反冀東政権の宣伝活動を展開していました。これに対し、冀東政権は唐山など河北省東部の主要都市で共産党員の摘発を行い、共産党の勢力拡大を抑えていました。しかし、共産党はその摘発をかいくぐって抵抗運動を続け、後述する通州事件を引き起こす遠因を作ったのです。

冀東銀行の創設と銀行券の発行

冀東政権は国民政府と貿易や政治思想だけでなく、金融の面でも対立を深めました。その原因のひとつとなったのが、冀東銀行でした。冀東銀行とはいったいいかなる銀行だったのでしょうか。

通州の冀東銀行本店（絵はがき、筆者蔵）。

中国は清代以来、長く銀本位制を採ってきました。銀は金と比べて産出量が多く手に入れやすかった半面、景気の動向によって価値が大きく変動するという特徴を持っていました。銀産出国のひとつであったアメリカは、世界恐慌の影響で暴落していた銀価格を引き上げるため、一九三四年、銀買い上げ法を制定。これにより、中国が保有していた大量の銀（現銀）がアメリカへ流出し、中国は深刻な金融危機に陥ったのです。

この状況を打開するため、国民政府はイギリスの協力を得て、一九三五年春から本格的な通貨改革に着手。一九三五年一一月三日、幣制改革の断行を宣言し、翌四日から租税など、あらゆる支払いに用いる貨幣を中国・中央・交通の主要三銀行（一九三六年一月に中国農民銀行が加わる）が発行する法定貨幣（法幣）で統一させます。この改革により、中国は長く続いた銀本位制から脱却し、管理通貨制に移行したのです。

国民政府が幣制改革を行ったもうひとつの理由は、華北分離工作の防止です。幣制改革以前、中国は貨幣発行権を持つ銀行が各地にあり、それぞれがその土地の権力者の意向で勝手に貨幣を発行していました。華北でも、分離に応じる動きをみせていた宋哲元が河北省銀行券を支配下に置いていましたが、貨幣が法幣に統一されたことにより、国民政府は貨幣を通して華北分離ができないようにしたのです。

冀東政権は成立直後、暫定的に領内での法幣の流通を認めました。しかし、徐々に流通を制限すると、法幣を介した領内への国民党の影響力拡大を排除するため、支那駐屯軍司令部と協力して、法幣に代わる新たな貨幣の創設とそれを発行する新銀行の設立を進めます。そして、一九三六年一一月一日、冀東政権は通州に本行を置く冀東銀行を創設し、冀東銀行券の発行準備を開始したのです。

冀東銀行の責任者である董事長《とうじちょう》には財政庁長の趙従懿が就任し、日本人顧問として満洲中央銀行から武藤武二《むとうたけじ》、朝鮮銀行から永井利夫《ながいとしお》を招聘《しょうへい》。また、銀行創設の出資金や職員についても二行からの支援を受けました。

冀東銀行券は紙幣が五種類（五角・一元・五元・一〇元・一〇〇元）、硬貨が白銅貨三種類（五分・一角・二角）と青銅貨二種類（五厘・一分）の全一〇種類。紙幣にはいずれも冀東政府を象徴する図案があしらわれました。
たとえば、五角券には山海関城門（天下第一関《てんかだいいちかん》）、一元券には万里の長城、五元券には通州にあった遼《りょう》代創建の舎利《しゃり》塔《とう》、一〇元券には政府政庁が置かれた通州の大成殿《たいせいでん》が描かれていたのです。また、硬貨には表側に舎利塔、裏側に冀東二二県を表した二二個の星が彫られていました。これら冀東銀行券は一九三七年四月頃から流通を始め、冀東政府は同券をもって納税など支払いを行うよう通告します。

冀東デー期間中、名古屋で開催された冀東時局講演会で熱弁を振るう池宗墨（『冀東』）。

しかし、一部商工業者は冀東銀行券に信用がないとして使用を拒みました。冀東銀行券がどれくらい発行されたのかは資料がなく不明ですが、日中戦争勃発《ぼっぱつ》前までに、鋳造を請け負っていた大蔵省造幣局から硬貨二四〇〇万枚が冀東政権側に引き渡されたといわれています。

名古屋汎太平洋平和博覧会へ出展し、日本へアピールする

冀東政権は日本と正式な国交はありませんでしたが、さまざまな手段を使って日本に接近を図ろうとしました。

そのひとつが名古屋汎太平洋平和博覧会（以下、汎太博《はんたいはく》）への出展でした。

汎太博は、名古屋開港三〇周年を記念して、名古屋の産業振興と対外宣伝、ならびに日本文化の宣揚と太平洋地域に住む人々の平和親善と繁栄をテーマとしました。汎太博には鳥取県を除く日本各都道府県および二九の太平洋に面する国や植民地が参加、一九三七年三月一五日から五月三一日までの七八日間、名古屋港臨海地帯を会場に開催されました。

汎太博の実施にあたり、博覧会事務局は開催一年前から三四の国と植民地に順次参加を呼びかけました。このうち、中国については、国民政府を「南支那」代表、冀東・冀察両政権を「北支那」代表とみなしてそれぞれに参加を打診します。これに対し、国民政府は参加を辞退する旨を事務局側に伝えましたが、冀東政権は特別館設置による参加、冀察政務委員会は「中華民国平津両市工商界出品陳列館」として汎太博に出展することを決めました。日中の間で冀東政権解消の声が出るなか、冀東政権は、汎太博に参加することでその存在を日本国民にアピールする狙いがあったのです。

汎太博が開催されると、冀東政権は「冀東館」という名のパビリオンを設置し、冀東政権領内で収穫された特産物や、生産した工業製品などを展示します。そして、四月二五日には、「冀東デー」が名古屋市内で催され、名古屋市内を走るすべての市電と市バスに日章旗と五色旗が交差して掲げられたほか、汎太博入場者にゴム風船と福引き券が進呈され、一等と二等の副賞に殷汝耕直筆の書が贈られました。

また、この日、名古屋のホテルで冀東政権主催の晩餐会《ばんさん》が開かれ、名古屋の政財界人および軍人を前に、池宗墨が冀東政権の存在意義について強く訴えました。汎太博参加は冀東政権にとって、最初で最後の日本人へのアピールとなったのです。

未然に防ぐことができた通州事件

冀東政権には五個総隊（大隊に相当）からなる保安隊という軍隊がありました。彼らはもともと、非武装地帯の治安を守る警察組織でした。総隊のなかでも、張慶餘《ちょうけいよ》を隊長とする第一総隊（兵数約一五〇〇人）と張硯田《ちょうけんでん》を隊長とする第二総隊（兵数約二〇〇〇人）は保安隊の主力部隊で、日本製の兵器を装備し、支那駐屯軍の将校から軍事教練を受けています。しかし、保安隊将兵の多くは旧東北軍出身で反日感情が強く、張慶餘も共産党員の説得を受け、抗日運動に共鳴していました。

一九三七年七月七日、北京郊外の盧溝橋で支那駐屯軍と第二九軍が軍事衝突を起こし、盧溝橋事件が勃発すると、張慶餘は河北省政府主席で宋哲元配下の馮治安《ふうちあん》と会います。そして、日本軍が北京を攻撃した場合は、張は通州で、馮は北京南部の豊台《ほうたい》でそれぞれ抗日軍事行動を起こすことを約束しました。

盧溝橋事件は七月一一日、現地で停戦協定が成立。ところが、その後も散発的な衝突が続きます。七月二五日には、通州南方の廊坊《ろうぼう》（郎坊）で通信線の修理をしていた支那駐屯軍の部隊に第二九軍が攻撃して死傷者を出し（廊坊事件）、二六日には北京の広安門《こうあんもん》でも日中両軍の小さな衝突がありました（広安門事件）。

さらに、二七日、天津から飛来した関東軍の飛行機が、通州城外にあった保安隊幹部訓練所を誤爆し、保安隊員に死傷者を出す事件が発生。細木繁《ほそきしげる》通州特務機関長はただちに冀東政権側に謝罪しましたが、これら一連の事件は保安隊の反日感情を一層高めたのです。

七月二八日、日本内地から派遣された第二〇師団と支那駐屯軍などが北京に対する総攻撃を開始すると、二九日未明、張慶餘は馮治安との約束どおり、反乱を決行。張硯田の第二総隊とともに、保安隊将兵およそ五〇〇〇人を率いて、通州にあった冀東政権や日本軍の関連施設などを襲撃しました（通州事件）。保安隊は通州の中心部にあった通州特務機関を襲い、細木ら機関員全員を殺害。冀東政府政庁にも乗り込み、居合わせた殷汝耕を拉致《らち》します。

さらに、保安隊は通州に住んでいた、朝鮮人を含む日本居留民の家屋を襲撃し、無抵抗の居留民を次々と殺害していきました。反乱の起きる少し前の二八日昼、保安隊は通州の日本居留民の家屋を調べて、家の壁に目印を付けていたのです。その行動を見て不審に思った一部居留民は、日本軍守備隊兵舎に避難をしていました。目印を付けていたことからも、居留

通州事件で保安隊に襲撃された通州特務機関（絵はがき、筆者蔵）。細木繁特務機関長をはじめとする機関員全員が殺害された。

冀東保安隊所属の砲兵隊（『満洲国現勢』）。

民の殺害は事前に計画されていたものだったことがわかります。

天津日本総領事館から派遣されていた通州領事館警察は、事件発生の数日前から保安隊の不審な動きに気づいていました。領事警察は通州特務機関に保安隊を監視するよう警告を発します。しかし、細木は保安隊が日本人顧問の統制下にあるため心配はない、と警告を無視しました。仮に、細木が領事館警察の警告を受け入れて保安隊に注意を向けていたら、通州事件は未然に防げたかもしれません。

通州事件では、保安隊によって日本人居留民二二五人が殺害されました。殺害された日本人のなかには、冀東政権の顧問だった人も含まれていました。

本来、日本人居留民の保護は通州の日本軍守備隊が担うはずでした。しかし、当時、日本軍守備隊の主力は北京の攻撃に出払っていて、通州にはわずか一二〇人の兵站《へいたん》部隊しか残っていませんでした。さらに、守備隊は保安隊が反乱を起こすことを事前に察知していなかったため、反乱を抑えることができず、居留民の殺害を許してしまったのです。

反乱に成功した保安隊は、三〇日に通州を脱して北京に向かいます。しかし、すでに北京は日本軍の占領下にあったので入ることができず、保安隊は日本軍によって撃退されました。

保安隊に拉致された殷汝耕は、北京に連行される途中で脱出しましたが、殷拉致の知らせを受けた支那駐屯軍は、通州事件当日、たまたま天津に出張中で難を逃れた池宗墨を新たな

通州事件の被害者を祀った慰霊塔（絵はがき、筆者蔵）。

冀東政権の指導者として任命をします。殷の顧問井上喬之は、通州事件は殷の地位を狙った池宗墨の陰謀であると批判しましたが、どうすることもできません。

池宗墨は八月一〇日、唐山で冀東政権の再建を宣言しましたが、すでにこの頃、日本軍は華北に新たな政権を建てる準備を始めていて、冀東政権も新政権に組み込まれていくことになりました。冀東政権の運命は、事実上、通州事件で絶たれたといえます。

通州事件終結後、日本軍によって占領された通州は再建が進み、一〇月には商店の営業が再開されるなど、事件前の活気を取り戻していきました。通州事件について最後に残った問題は、事件で亡くなった居留民に対する補償を誰がどのようにするかということでした。

北京日本大使館参事官の森島守人《もりしまもりと》は、帝国議会で通州事件の責任が政治問題化して日本に責任が及ぶのを防ぐため、議会が開会される年末までに問題を収束させる必要があると考えていました。森島は一二月二四日、大使館で池宗墨と会見し、冀東政権が通州事件について陳謝するとともに、次の三つの条件を冀東政権側がすべて受け入れることで合意します。

その三つの条件とは、第一に冀東政権から日本政府に対し、通州事件を発生させたことについて責任を認め、正式に謝罪すること。第二に冀東政権から通州事件の日本側被害者遺族などに対し、物損被害の賠償金と負傷者本人への見舞金を含む弔慰金総額一二〇万円(現在の貨幣価値でおよそ三〇億円。以下同じ)を支払うこと。第三に通州城内に日本側が通州事件の犠牲者を追悼する慰霊塔を建設する際の用地を冀東政権が無償で提供すること、でした。

以上の条件のうち、慰霊塔の建設用地については、冀東政権から日本側に通州城内の約七〇〇〇坪の土地が無償で提供されました。一九三八年二月に北京日本大使館内に設置された通州慰霊塔建設委員会が作成した当初計画によると、経費は塔建設費ならびに塔の周囲に造成予定の公園の整備費と維持費で合計一〇万円(約二億五〇〇〇万円)。その費用はすべて日本側の寄付で賄われ、外務・陸海両大臣・朝鮮総督・満鉄総裁・満洲国政府からそれぞれ二万円(約五〇〇〇万円)の寄付を求め、足りなかった場合、通州事件で亡くなった日本居留民が勤務していた企業からも寄付を募ることになっていました。

慰霊塔に手を合わせる参拝者（『写真週報』第 21 号、1938 年 7 月）。

通州事件の被害者遺族に対する弔慰金は、再建中の冀東政権が財政難に陥っていたため、一括で支払うことができず、二回に分割払いされます。

一九三八年二月一日、冀東政権は日本軍占領下の北京に成立した中華民国臨時政府と合併に関する書類を取り交わし、政権解消に合意しました。そして、以後冀東政権のあった河北省東部は「冀《き》東道《とうどう》」として臨時政府の一行政区となったのです。

日中戦争終了後、「漢奸」容疑で逮捕された殷汝耕（左）と鄒泉蓀（右。元北平治安維持会常務委員）（『戴笠和軍統』）。1945年11月15日、国民政府立法院は「懲治漢奸条例修正案」を可決し、漢奸に対しては罪の重さに従い、禁錮から死刑まで科されることになった。殷汝耕は「漢奸裁判」で死刑判決を受け、1947年12月1日、南京雨花台刑場で銃殺された。

冀東防共自治政府の主要人物と役職（1936年11月）

役　　職	人　　物
政務長官	殷汝耕
秘 書 長	池宗墨
民政庁長	張仁蠡
財政庁長	趙従懿
教育庁長	劉雲笙
建設庁長	王厦材
実業庁長	殷体新
秘書処長	陳曾栻
外交処長	王潤貞
保安処長	劉宗紀
参　　事	葉爾衡
保安教導総隊長	殷汝耕
保安第一総隊長	張慶餘
保安第二総隊長	張硯田
保安第三総隊長	李允聲
保安第四総隊長	韓則信

出典：「冀東防共自治政府文武簡任人員姓名略歴表」
（冀東防共自治政府秘書処編『冀東紀念専刊 巻上』、冀東防共自治政府秘書処、1936年）をもとに筆者作成。

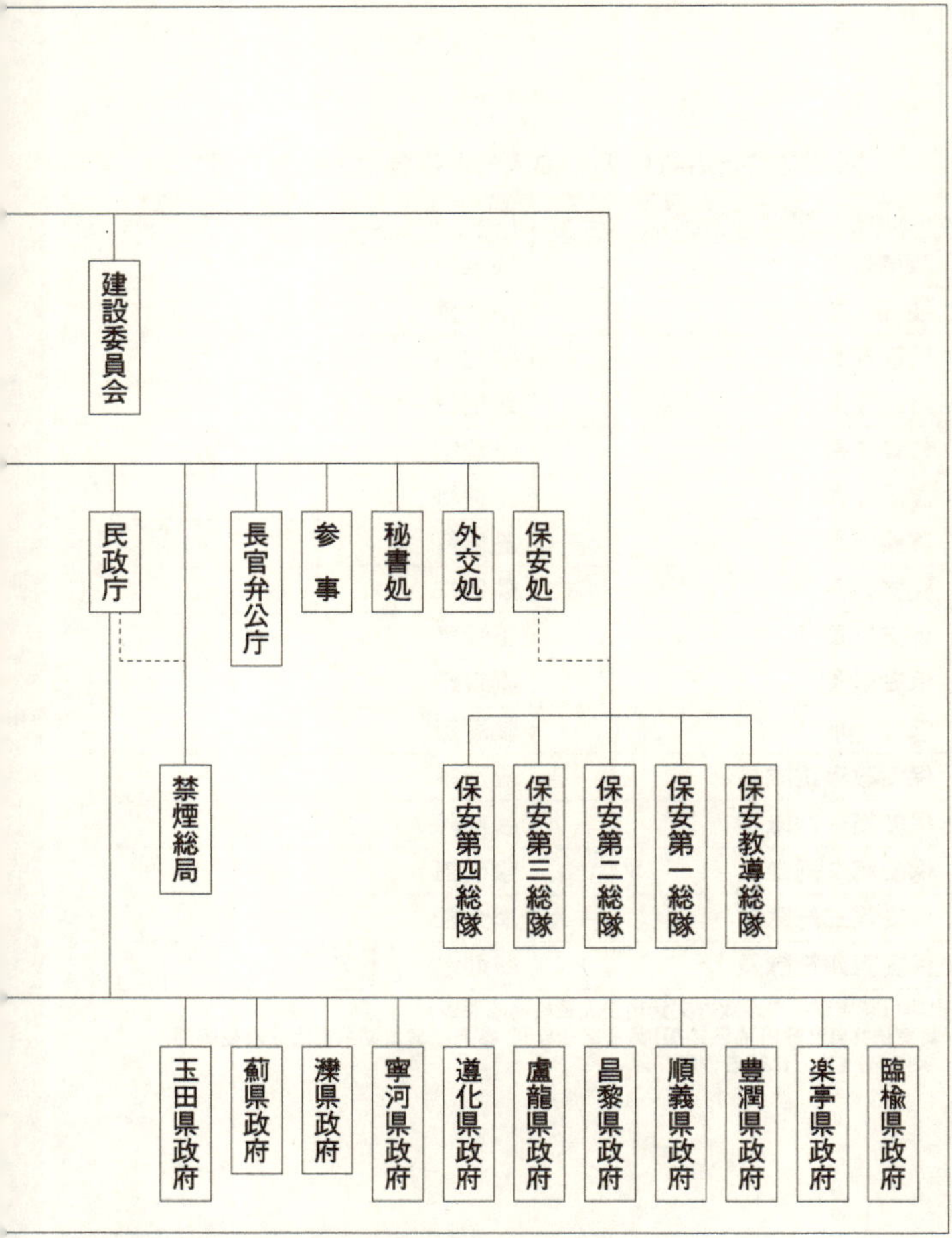

冀東防共自治政府秘書処、1936年）をもとに筆者作成。

冀東防共自治政府組織概要図（1936年11月）

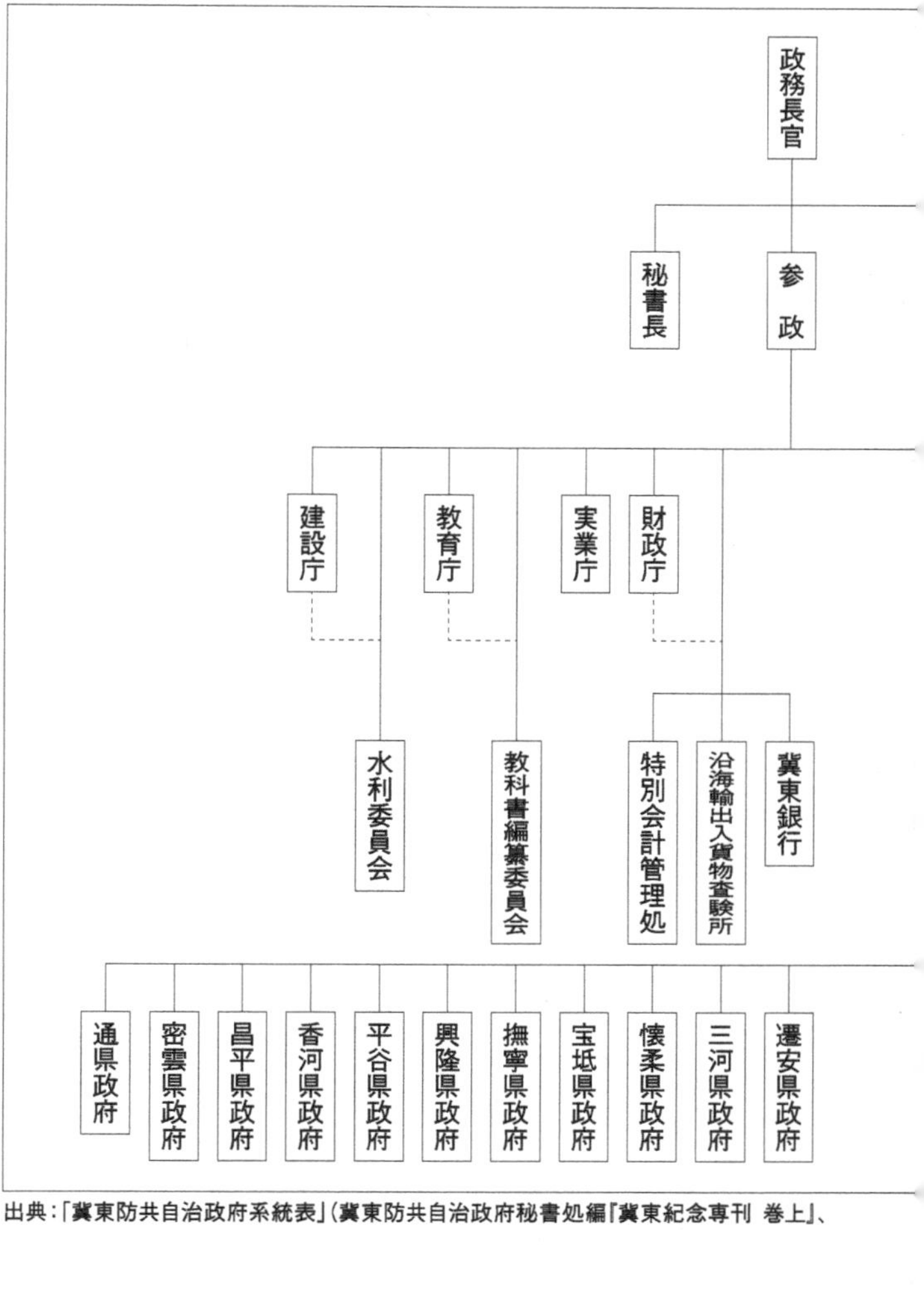

出典：「冀東防共自治政府系統表」（冀東防共自治政府秘書処編『冀東紀念専刊　巻上』、

第二章　中華民国臨時政府（華北政務委員会）

中華民国臨時政府（1938年）

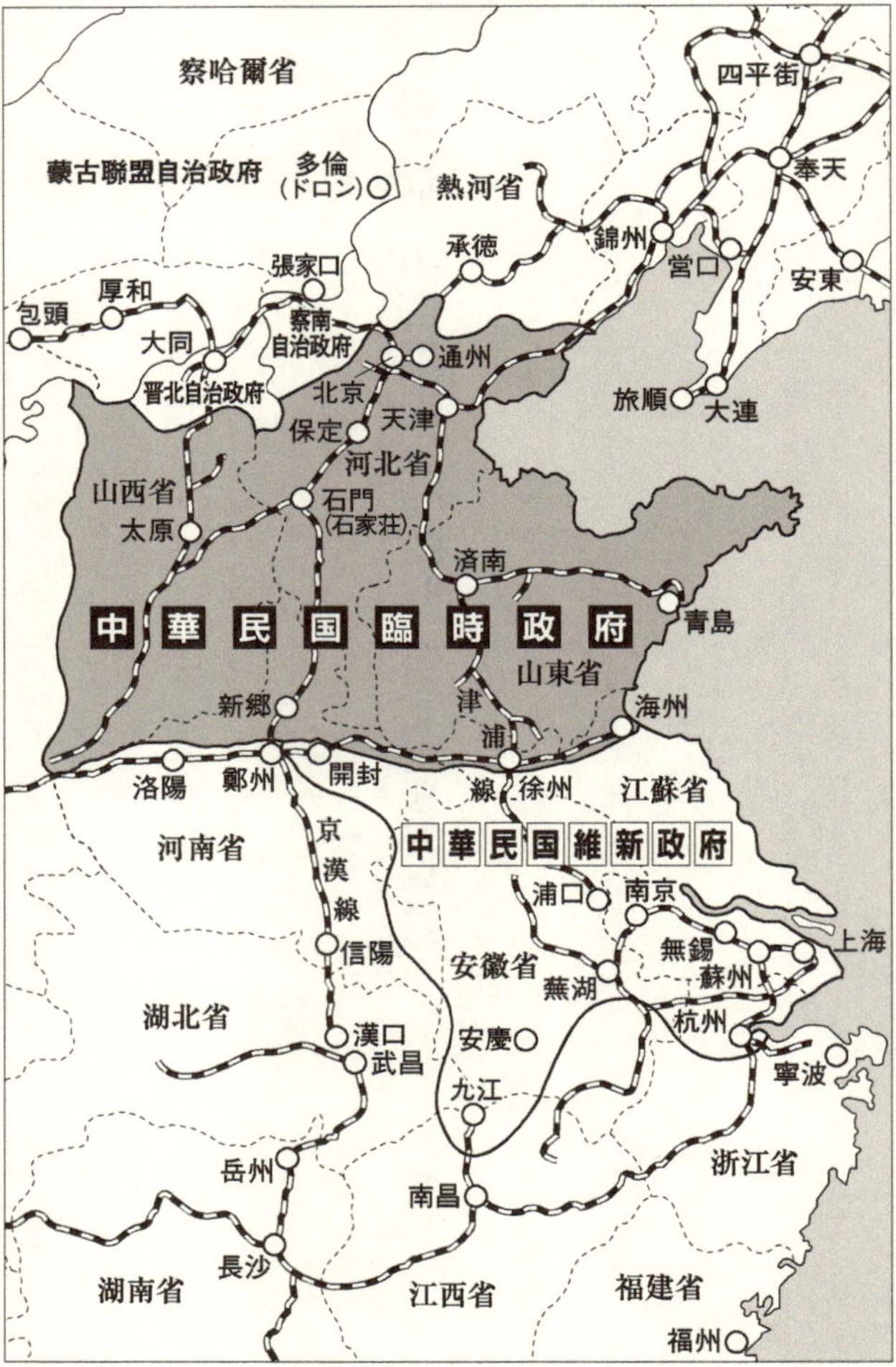

中国傀儡政権地域別系統図

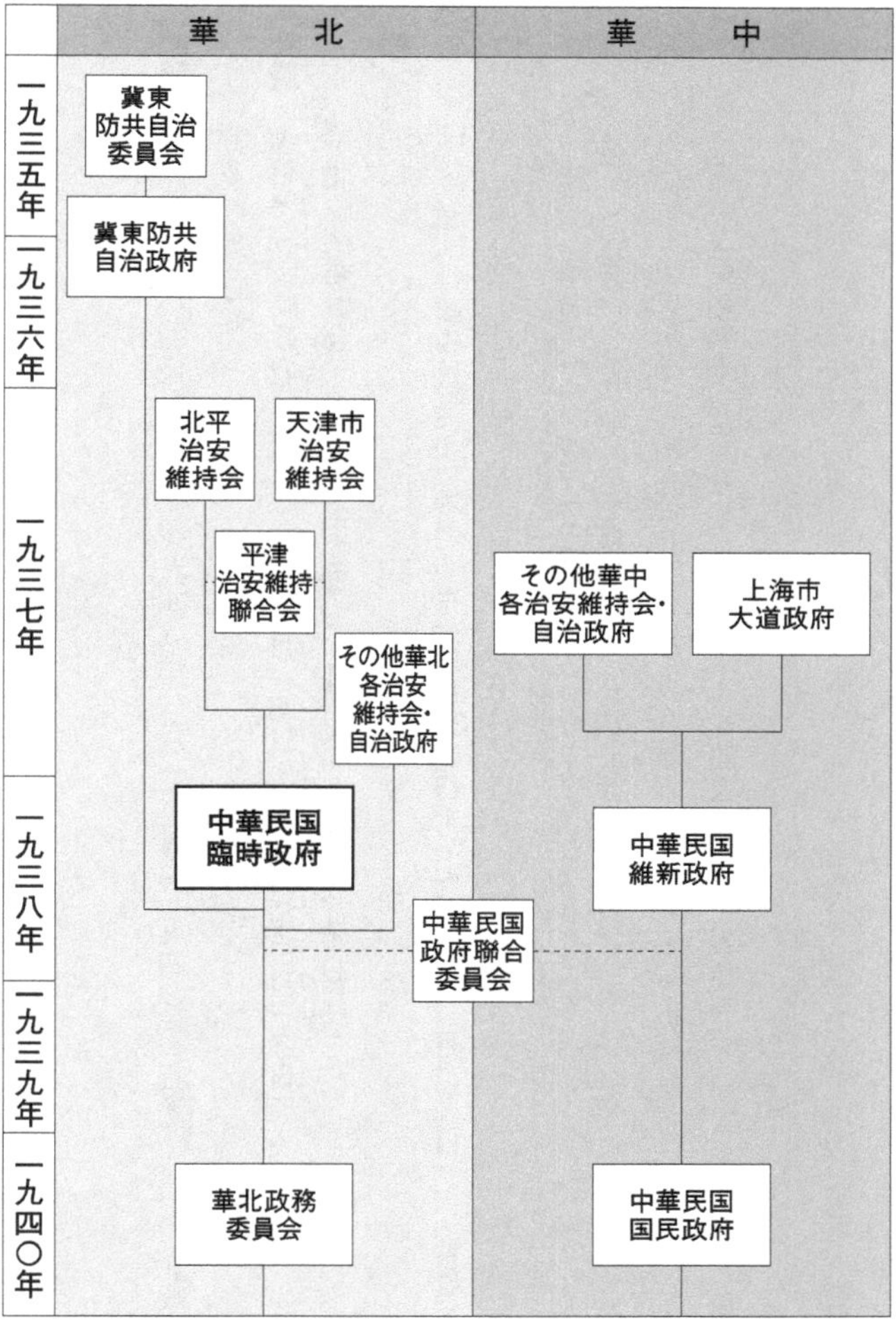

存続期間　一九三七年一二月一四日―一九四五年八月一五日（一九四〇年三月三〇日、華北政務委員会に改組）

政権変遷　中華民国臨時政府（一九三七年一二月一四日―一九四〇年三月三〇日）

華北政務委員会（一九四〇年三月三〇日―一九四五年八月一五日）

首都　北京《ペキン》

指導者　王克敏《おうこくびん》（行政委員長〔一九三七年一二月一四日―一九四〇年三月二九日〕―委員長〔一九四〇年三月三〇日―一九四〇年六月六日〕）

王揖唐《おうゆうとう》（委員長〔一九四〇年六月六日―一九四三年二月八日〕）

朱深《しゅしん》（委員長〔一九四三年二月八日―一九四三年七月二日〕）

王克敏（委員長〔一九四三年七月二日―一九四五年二月八日〕）

王蔭泰《おういんたい》（委員長〔一九四五年二月八日―一九四五年八月一五日〕）

日中戦争の勃発と第二次国共合作の結成

日本軍は盧溝橋《ろこうきょう》事件を起こしたあと、北京と天津《てんしん》一帯（平津地区）に占領地を拡げると、そこを統治する新たな傀儡《かいらい》政権の設立に着手しました。はじめに、盧溝橋事件発生の経緯から簡単に振り返っておきましょう。

北京の南西郊外、永定河《えいていが》に架かる盧溝橋は、金《きん》代の一一九二年に完成。一三世紀末、この地を訪れたヴェネチア商人のマルコ・ポーロによって世界一の美しさと絶賛されたことから、別名「マルコポーロ・ブリッジ」とも呼ばれました。盧溝橋事件発生前、盧溝橋には宋哲元《そうてつげん》の部下の馮治安《ふうちあん》が率いる、第二九軍第三七師が駐屯していました。

一九三七年七月七日夜、盧溝橋近くの龍王廟《りゅうおうびょう》で、支那《しな》駐屯軍と第二九軍が軍事衝突を起こします。きっかけは、当夜龍王廟で夜間演習をしていた支那駐屯軍の一個中隊に第三七師のいた陣地付近から銃弾が発射されたことでした。しかし、第二九軍側は射撃をしていないと主張していて、現在でも誰が発砲したのかは不明です。

北京に駐屯していた支那駐屯第一連隊長の牟田口廉也《むたぐちれんや》大佐は、盧溝橋にいた支那駐屯軍の部隊に第三七師への攻撃を命令。その一方で、北平特務機関長の松井太久郎《まついたくろう》大佐や駐北平公使館附陸軍武官輔佐官《ほさかん》（以下、北京武官）の今井武夫《いまいたけお》少佐らがすぐさま事態の収拾に動き、一一日夜、日中両軍の間で停戦協定が結ばれます。

ところが、盧溝橋事件の発生を重くみた日本政府は、停戦協定が成立する数時間前の一一日午後、居留民保護や軍の自衛などを理由に、関東軍に二個旅団、朝鮮軍に一個師団をそれぞれ華北に派遣する命令を下します。これにより、終結するはずだった現地日中両軍の衝突は再燃してしまうのです。

一七日、参謀本部は支那駐屯軍に対し、盧溝橋事件に対する宋哲元の陳謝、馮治安の罷免、龍王廟北の八宝山《はっぽうざん》に駐留している第二九軍部隊の撤退、停戦協定への宋哲元の調印をそれぞれ一九日までに実施しなければ、第二九軍を攻撃するとの訓令を発しました。同日、宋は支那駐屯軍司令官の香月清司《かづききよし》中将から参謀本部の要求を言い渡されると、翌一八日、香月に遺憾の意を表し、事態の収束を図ります。

しかし、二五日と二六日に廊坊《ろうぼう》と北京広安門《こうあんもん》で日中両軍が紛争を起こし、現地の情勢がふたたび悪化すると、日本政府は二七日、内地三個師団の華北派遣を承認。二八日、支那駐屯軍と華北派遣部隊は平津地区に対する総攻撃を開始したのです。

一方、盧溝橋事件発生時、江西《こうせい》省北部の避暑地廬山《ろざん》に滞在していた蔣介石《しょうかいせき》は、事件の一報が入ると、八日、ただちに対策部署を設置して、第二九軍に撤退をせず事態の拡大に備えるよう指示。九日には重慶《じゅうけい》にいた軍政部長の何応欽《かおうきん》を北京に派遣して、全面抗戦の実施に向けた準備にあたるよう命じます。さらに、一一日に国防会議を開催して対応策の検討に入りました。

一七日、蔣介石は演説を行い、あらゆる犠牲を払ってでも抗戦すると表明しましたが、内心では、事態悪化を懸念し、あくまでも平和裏に盧溝橋事件を収束させようと望んでいました。しかし、その願いも日本軍の平津方面への総攻撃によって打ち崩されてしまったのです。

八月七日、南京《ナンキン》で中国の国防問題を決定する中国国防最高会議が開かれ、蔣介石や汪兆銘《おうちょうめい》ら国民政府首脳のほか、政府中央の各軍事部門責任者、さらには共産党からも代表して周恩《しゅうおん》来《らい》や朱徳《しゅとく》らが参加しました。会議では国難に立ち向かうため、これまでの対立を捨ててそれぞれが提携しあうことで意見が一致、以後全面抗戦の方針で臨むことが決議されました。

この決議を受け、一二日、国民党中央常務委員会は蔣介石を陸海空軍大元帥に推挙し、蔣介石が取り仕切っていた軍事委員会を中国の最高統帥部とすることを決めました。そして、軍事委員会は二〇日、国民革命軍の戦闘序列と作戦指導方針を発表し、中国を五つの戦区に分割して、各区司令官の指揮のもと、作戦地域の防衛にあたらせます。

すでに西安《せいあん》事件以降、国民党との合作に向けて動き出していた共産党は、七月一五日、国民党に「国共合作を公布するための宣言」を提示していました。このなかで、共産党は国共合作実現のため、新三民主義の徹底的実現・国民党政権打倒のための暴力的政策と赤化運動の停止・地主からの土地没収の停止・現在の中華ソビエト政府の取り消しと民権政治の実現・共産党軍の国民革命軍への改編を約束します。

蔣介石はもともと共産主義に懐疑的で、国共合作をためらっていました。しかし、八月一三日、上海《シャンハイ》で日本海軍陸戦隊と国民革命軍が衝突（第二次上海事変）し、中国の抗日世論が強く刺激されると、蔣介石は国共合作を求める国民の声を受けて、ようやく国共合作の実施を決断します。

一八日、蔣介石は陝西《せんせい》省北部の共産党軍約三万人を国民革命軍第八路軍《はちろ》（以下、八路軍）として国民革命軍に編入することを了承。九月二三日、共産党の要請を受け入れるという形で、国共合作（第二次）の結成に同意します。

中国側が国共合作でひとつにまとまる一方で、華北の日本軍占領地ではいったい何が起きていたのでしょうか。

日本人顧問は治安維持会のあらゆる業務に干渉した

七月二八日の総攻撃で平津一帯を占領下に置いた日本軍は、北京と天津の治安をそれぞれ維持する傀儡《かいらい》組織の設立に着手します。二九日、北京が日本軍に占領されると、北京武官の今井少佐は、ただちに旧知の江朝宗《こうちょうそう》を説得し、三〇日に北平治安維持会（北平地方維持会）を発足させました。江は一八六一年に安徽省旌徳《せいとく》県に生まれ、一八九五年に袁世凱《えんせいがい》の新建陸《しんけんりく》

右：江朝宗（『改訂現代支那人名鑑』）。仏教居士として、日本の仏教関係者とも深い交流があった。左：華北新政権設立を主導した喜多誠一少将（『関東軍〈2〉』）。

軍《ぐん》に入隊して軍歴を積みます。一九一七年に張勲《ちょうくん》のクーデターに加担し職を追われましたが、まもなく復帰し、一九二〇年代後半頃から北京政界に活動の場を移しました。

　北平治安維持会の委員に選ばれたのは、元北京市政府秘書長の周履安《しゅうりあん》、元北京市商会会長の鄒泉蓀《すうせんそん》、元冀察《きさつ》政権委員の冷家驥《れいかき》、元保商銀行経理の王毓霖《おういくりん》、元朝鮮銀行秘書の梁正《りょうせい》平《へい》などといった、華北政財界の要人らです。北平治安維持会には公安・社会・交通・金融の部局が設けられましたが、それぞれの部局には二人から三人の日本人顧問が置かれ、治安維持会のあらゆる業務に干渉しました。

　北平治安維持会は日本側の指示のもと、華北自救大同盟・北平市民協会・華北反戦防共青年団・亜洲《あしゅう》文化促進行会などを設立して北京市民を組織化し、「国民党政権打倒」、「共産党消滅」、「日本入城歓迎」といったスローガンを掲げ、日本軍の中国進攻を支持します。また、北平治安維持会は日本軍に食料や軍夫、宿営地など、軍事行動に必要な物資や人員、用地を提供して日本軍を背後で支えました。

北平治安維持会が行ったことで注目されるのは、北平という都市名を「北京」に改めたことでした。北京という名称は一四〇三年に明《みん》朝三代皇帝の永楽《えいらく》帝によってつけられ、その後長くその名が使われます。一九二八年、中国を統一した国民政府は、首都を南京に置き、北京が首都でなくなったことを表すため、都市名を北平と改めました。北平治安維持会が北京と改称したとき、日本軍は国民政府に取って代わる新たな華北傀儡政権の設立を進めていて、北京はその首都として想定されていました。

一方、天津ではすでに日本軍の総攻撃が始まる前から、治安維持会設立の準備が進行。同会設立を主導したのは天津特務機関長の茂川秀和《しげかわひでかず》少佐でした。茂川は一九一八年に陸軍士官学校卒業後、東京外国語学校（現在の東京外国語大学）で中国語を学び、満洲《まんしゅう》や華北で現地中国人を使った特務活動を得意としていました。

二七日、茂川は天津日本租界で高凌霨《こうりょうい》ら親日派要人を集め、治安維持会設立の具体的検討を行います。一八六九年に天津で生まれた高は、北京政府で要職を務めたあと、一九二三年六月、代理国務総理に就任。曹錕《そうこん》の「賄選」を支援します。国民政府の中国統一後は天津に隠棲《いんせい》し、華北経済委員会や東亜《とうあ》協会などを組織して、日本の中国進出を手助けしました。

一九三七年七月三〇日、天津が日本軍によって占領されると、八月一日、高凌霨は天津市治安維持会を設立し、戦争で四散した天津市政府に代わって秩序の回復に努めると宣言します。天津市治安維持会は総務局・公安局・社会局・財政局・教育局・衛生局・工務局・長蘆《ちょうろ》塩務《えんむ》管理局・商品検験局などで構成され、金融調整委員会や物資調整委員会など、専門委員会も設置されていました。天津市治安維持会の管轄地域は天津市内とその周辺の二〇県一局に及ぶものでした。

天津市治安維持会委員の顔触れを見てみましょう。委員長の高凌霨以下、元北京政府全国煙酒公売局総辦《そうべん》の鈕伝善《ちゅうでんぜん》、元天津市政府秘書長の孫潤宇《そんじゅんう》、同公安局長の劉玉書《りゅうぎょくしょ》、天津市商務会会長の王竹林《おうちくりん》、同委員の邸玉堂《ていぎょくどう》、天津で発行されていた新聞『国聞報《こくぶんほう》』の主筆を務め、古美術蒐集家《しゅうしゅうか》としても知られた方若《ほうじゃく》など、北京政府関係者、ならびに天津の財政界とジャーナリズム界の大物が名を連ねています。しかし、天津市治安維持会も北平治安維持会と同様、各局処に配置された日本人顧問が実務を取り仕切っていたのです。

天津市治安維持会は抗日運動を抑えて治安を維持するため、八月二二日、支那駐屯軍憲兵隊と協力して市内に潜む不審者の摘発と、住民が所持していた武器を押収します。また、言論統制にも力を入れ、新聞や映画で日中親善をアピールし、抗日を唱えた言説や共産主義を

河北省内主要自治委員会・傀儡政府一覧（臨時政府編入以前）

成　立　組　織	指導者（職名）	成立年月日
北平治安維持会	江朝宗（会　長）	1937年7月30日
天津市治安維持会	高凌霨（委員長）	8月1日
涞水県維持会	張作新（会　長）	9月18日
新城県政府	関錦濤（県　長）	9月19日
定県地方治安維持会	高硯然（会　長）	9月
新楽県維持会	宋嘉会（会　長）	9月
青県治安維持会	孟縄武	9月
陽原県公署	劉慶和（県　長）	9月
容城県維持会	陳　濤（会　長）	9月
獲鹿県治安維持会	葛子久（委員長）	10月12日
南和県維持会	石立朝	10月24日
武清県治安維持会		10月25日
固安県治安維持会	王建中（主席委員）	10月
行唐県政府	賈洛金（県　長）	10月
柏郷県維持会		10月
粛寧県維持会	李士林（会　長）	10月
辛集県政府	趙振廷（県　長）	10月
肥郷県政府	李鳳崗（県知事）	11月
蔚県公署	盧鏡如（県　長）	11月
東光県政府	許芳任（県　長）	11月
定興県政府		11月
大城県維持会	鄭連芳（会　長）	11月
邯鄲県維持会		11月
広宗県維持会	韓敏修（会　長）	11月
成安治安維持会	董慶章	12月
景県政府	陳玉虎（県　長）	12月

成立組織	指導者(職名)	成立年月日
平郷県維持会	張縄武(会　長)	12月
高陽県公署	孫作賓(県知事)	12月
涿県公署	楊開明(県知事)	12月
平山県政府	張貴方(県　長)	12月
賛皇県政府		12月
満城県政府		12月
石門市公署籌備処		1938年1月15日
安国県政府	劉国学(県　長)	1月
武強県治安維持会		2月
新鎮治安維持会		2月

出典:該当各県誌・市誌。政権の呼称は各誌の記述に依った。

宣伝した文書が発見された場合はただちに破棄しました。

北平・天津両治安維持会以外にも、華北には日本軍占領地の拡大にともなっていくつもの治安維持会や自治政府などが成立しました。主な政権は次のとおりです。

河南省自治政府

一九三七年一〇月中旬、河北《かほく》省と河南《かなん》省の境を流れる漳河《しょうが》の線まで進出した第一四師団（師団長土肥原賢二《どいはらけんじ》中将）は、京漢線《けいかんせん》（北京―漢口）に沿って河南省に進入し、一一月五日、安陽《あんよう》を占領。日本軍は同地を旧名の彰徳《しょうとく》に改称して、呉佩孚《ごはいふ》の元部下蕭瑞臣《しょうずいしん》に治安維持会を発足させました。治安維持会は一一月二七日に河南省自治政府に改組され、さらに、一九三八年五月一日に臨時政府と合流し、河南省政府となりました。

山西省臨時政府籌備委員会

一九三七年一一月六日、山西省《さんせい》太原《たいげん》に迫った第五師団（師団長板垣征四郎《いたがきせいしろう》中将）は、太原に立てこもっていた閻錫山《えんしゃくざん》軍に軍使を派遣して開城を要求します。しかし、閻がそれを拒否したため、八日、第五師団は太原を総攻撃し、占領しました。戦闘が収まると、太原の地元有力者らは日本軍の指示に従い、一二月一〇日、山西省臨時政府籌備《ちゅうび》委員会を発足させます。同会は同月、日中親善と難民救済をアピールするため、被災した太原の住民に食料や衣類を配給しました。

一九三八年六月二〇日、籌備委員会の解散と臨時政府に属する山西省公署の成立が宣言されます。省長には東京高等工業学校（現東京工業大学）出身で、閻錫山の側近だった蘇体仁《そたいじん》が就任しました。

済南《さいなん》治安維持会

一九三七年一二月一八日、北支那方面軍司令部から山東《さんとう》省済南の攻略を命ぜられた第二軍（軍司令官西尾寿造《にしおとしぞう》中将）は、麾下《きか》の第一〇師団などを派遣して、二六日、済南を占領します。

同地を守備していた韓復榘《かんふくく》は、日本軍との戦いを避けて撤退をしたため、一九三八年一月二四日、蔣介石の命令で処刑されました。

済南陥落後、済南特務機関はただちに傀儡政権の設立に着手し、一九三八年一月一日、元安徽軍閥の馬良《ばりょう》に命じて済南治安維持会を設立。さらに、同会は三月五日、臨時政府に合流して山東省公署となり、馬良は山東省長に任じられました。済南治安維持会および山東省公署はどちらも済南特務機関の内面指導を受けていました。

青島《チンタオ》市治安維持会

北支那方面軍司令部は一九三八年一月九日、済南攻略を終えた第二軍に対し、日本海軍と協力して青島を占領するよう命令。一〇日、海軍艦船で青島に上陸した日本海軍陸戦隊は、中国側の抵抗を受けることなく青島港を占領し、第二軍部隊も一四日、青島に到着します。

青島占領後、日本軍は元膠澳商埠局《こうおうしょうふ》総辦の趙琪《ちょうき》を説得して、青島市治安維持会を設立。青島市治安維持会は行政上、臨時政府の指導監督を受けることになっていましたが、実際は、維持会各機関に配置された日本人顧問の指示に従っていました。

華北新政権の樹立を狙う

七月末の日本軍の総攻撃によって平津一帯が平定されると、陸軍省は八月一二日、「北支政務指導要綱」を作成します。このなかで、陸軍省は日本軍が戦闘の終結した華北占領地域の政務を統一的に指導して、同地域で日満華三国の提携と共栄を実現させ、政治機関については住民の自主性に任せ、日本側はそれに協力するという方針を定めました。

これに対し、関東軍司令部は八月一四日、「対時局処理要綱」を決定します。この要綱では、新たに成立する華北政権はおおむね華北五省の連省自治（各省が提携して自治を行う）を目標とし、そのためにまず河北省と山東省、そして将来には山西省にもそれぞれ政権を設け、日本人顧問を通して指導させるという計画が立てられていました。

このように華北統治のやり方については、陸軍省と関東軍司令部との間で、やや意見の違いがありました。しかし、どちらも華北は依然として中国の主権下にあるという認識と、日本軍が華北統治に関与することという点については、一致していたのです。

八月三一日、華北戦線の拡大にともない、北京に北支那方面軍が新設されます。これにより、いままで支那駐屯軍参謀長が行ってきた華北各特務機関の指導は、以後、北支那方面軍特務部が担当することになりました。特務部長に着任した喜多《きた》誠一《せいいち》少将は、一九一九年に陸軍大学卒業後、陸軍省軍務局課員や関東軍参謀などをへて、一九三四年八月、参謀本部支那

趙琪（右）と山東省特務機関長の河野悦次郎大佐（左）（筆者蔵）。

課長に着任、さらに、北支那方面軍特務部長となるまで、上海で大使館附陸軍武官を務めていた人物です。

一九三七年九月四日、北支那方面軍司令官の寺内寿一《てらうちひさいち》大将（寺内正毅《てらうちまさたけ》元首相の長子）は、喜多に訓令を与え、陸軍省が作成した「北支政務指導要綱」に準拠して、冀東《きとう》政権を含む華北占領地域に成立した政権の統制と指導にあたるよう命じます。また、六日、同軍参謀長の岡部《おかべ》直三郎《なおざぶろう》少将は喜多に対し、将来華北新政権を樹立する場合、あらかじめ華北占領地域の中国側機関の政務を統制する組織を暫定的に建て、その組織を華北新政権の設立母体となるよう誘導していくことを指示しました。

これを受けて、喜多は二三日、北平治安維持会の冷家驥と周肇祥《しゅうちょうしょう》、天津市治安維持会の高凌霨と鈕伝善、冀東政権連絡員の任国樑《にんこくりょう》を招いて、平津治安維持聯合会を発足させます。平津治安維持聯合会は、北京・天津両治安維持会の上位組織として平津一帯の政務を統制する任務を負いました。維持会の首席代表に高凌霨が就任しましたが、事務を統括する綜理《そうり》秘書局には日本人顧問と嘱託員を置き、維持会の運営を掌握しました。

さらに二五日、特務部は「北支政権樹立ニ関スル一案」を作成し、華北新政権の樹立に向けた方針をまとめます。

このなかで特務部は、華北新政権の設立順序と支配領域については次のように進めるとしました。日本軍が河北省の大半を占領したら、まず察哈爾《チャハル》・河北両省政府と天津市政府を統合した政権を樹立（北京市政府は別に強化する）し、その後、情勢の推移に応じて華北統一政権へと発展させる。政権の参加者については日満華三国の関係を理解し、かつ民衆の信望のある人物を選定しなければならない。また、日本軍が華北新政権を指導するにあたっては、反国民党・防共・日満華三国提携を唱え、実質的には国民政府から分離させるも、当面は独立を宣言せず、易幟《えきし》（新しく政権の旗を掲げること）も行わない、と。特務部は陸軍省の方針に従うよう命ぜられていたとはいえ、この方針を見る限り、関東軍と同様、華北を包括する新政権の樹立に積極的だったといえます。

特務部が華北新政権の樹立について検討を進めている間に、北支那方面軍は国民革命軍や八路軍と戦闘を繰り返しながら南下し、一〇月までに戦線を山東省西部の徳州《とくしゅう》から河北省の石門《せきもん》（現石家荘《せきかそう》）をへて、山西省太原にまで拡大させました。上海でも八月一三日に第二次上海事変が勃発《ぼっぱつ》して以降、日中両軍の激しい戦闘が続いていましたが、一一月五日、杭州《こうしゅう》湾《わん》北岸に柳川平助《やながわへいすけ》司令官率いる第一〇軍が上陸すると、国民革命軍は上海から退却を始めます。

このような戦局の変化にともない、日本軍の一部から国民政府を中国正統の中央政権から一地方政権の地位に転落させ、その代わりに華北新政権を中国新中央政府とすべきである、という意見が台頭するようになったのです。

候補者たち

一〇月二二日、喜多と特務部総務課長の根本博《ねもとひろし》大佐、ならびに今井北京武官らが出席して、「北支政権ニ関スル第一次研究」会が開かれました。このなかで、喜多らは国民政府が長期持久戦を選択した場合を想定して、その際に華北新政権をどのように形成していくかという問題について議論を交わしています。

研究会では、最後に政権参加候補者一二人を選出しました。その一二人とは、靳雲鵬《きんうんほう》・江朝宗・曹汝霖《そうじょりん》・温寿泉《おんじゅせん》・王克敏・周作民《しゅうさくみん》・王揖唐・李思浩《りしこう》・湯爾和《とうじわ》・張弧《ちょうこ》・何其鞏《かききょう》・高凌霨でした。ここではすでに取り上げた江朝宗と高凌霨を除き、政権設立に直接関わった人物の経歴だけ簡単に紹介します。

王克敏は、一八七三年、浙江省杭州生まれ。一九〇二年に挙人《きょじん》（科挙の地方試験合格者）になったあと、清朝政府の命令で日本に派遣され、中国人留学生の監督や駐日公使館参賛（参事官）などを務めます。中華民国が成立すると金融界に転身し、一九一七年七月には中国銀行総裁に就任。さらに、同年一二月に成立した王士珍《おうしちん》内閣で財政総長を務めるなど北京政府の要職を歴任します。しかし、一九二八年、蔣介石によって北京政府が倒されると一時大連《だいれん》に逃れます。

その後は冀東非武装地帯の財務処理を担当したり、冀察政務委員会経済委員会主席に任命されたりしました。王の片目はけがでほとんど視力を失っていたため、公の場でもしばしば黒い眼鏡を掛けています。

王揖唐は一八七七年に安徽省合肥《ごうひ》で生まれ、一九〇四年進士（科挙合格者）となったあと、日本に留学。東京の振武《しんぶ》学校や法政大学に籍を置きました。振武学校とは陸軍士官学校や陸軍戸山《とやま》学校に入学を予定していた中国人留学生を専門に教育する機関です。この学校の同期生のなかには、のちに雲南《うんなん》軍閥を形成する唐継堯《とうけいぎょう》や、孫文《そんぶん》の側近として国民党設立に携わった李《り》烈鈞《れつきん》、日中戦争で第一戦区司令官として活躍した程潜《ていせん》らがいました。

王克敏（『最新支那要人伝』）。王の娘は美女の誉れ高く、一時、蔣介石との縁談の噂があったという。

王は一九〇七年に帰国すると、清朝政府から兵部主事に任じられ、東三省総督の徐世昌《じょせいしょう》の知遇を得て、東三省督練処参議、吉林《きつりん》陸軍協統などを務めます。一九〇九年には欧米各国を歴訪し、ヨーロッパの最新軍事技術や交通事情などを視察しました。

辛亥《しんがい》革命後、王揖唐は袁世凱の臨時大総統就任に尽力し、進歩党理事や約法会議議員、参政院参政などを歴任。さらに、一九一六年四月に袁世凱の後を継いで段祺瑞《だんきずい》が内閣を作ると、内務総長に任じられました。

以後、王揖唐は安徽軍閥系の政治家として中国政界で活動しますが、一九二八年、北伐によって北京政府が崩壊すると、天津日本租界に逃れ再起の機会を待ちます。一九三五年一二月、北京に冀察政権が成立すると、委員に任じられ政治の表舞台に復帰しました。

湯爾和は一八七八年、浙江省余姚《よよう》県生まれ。一九〇二年に東京の成城学校（現在の成城中学校・高等学校）に留学し、その後、金沢医科専門学校やドイツのベルリン大学医学院で医学を学びました。

湯は一九一〇年に中国に戻ると、国立北京医学専門学校の設立に携わり、同校校長や中華民国医薬学会会長に任じられるなど、中華民国初期の中国医学界の中心人物として活躍。一方で、湯は政治家としても活動し、一九二二年九月に成立した北京政府王寵恵《おうちようけい》内閣では教育総長、一九二六年一〇月にできた顧維鈞《こいきん》内閣では内務総長や財政総長をそれぞれ務めます。

北京政府崩壊後、湯爾和は一時期日本で過ごしますが、一九三〇年に帰国すると、東北辺防軍司令長官公署参議に就任して張学良《ちようがくりよう》を支え、一九三三年五月の塘沽《タンクー》停戦協定では中国側委員として交渉に参加しました。一九三五年一二月に冀察政権ができると、王克敏や王揖唐らとともに委員に名を連ねることになります。

王克敏は熟考の末、要請を受け入れた

喜多らは研究会で検討した内容を「北支那政権樹立ニ関スル研究」としてまとめ、一九三七年一〇月二八日付で陸軍省に提出しました。しかし、特務部の計画を知った陸軍省の一部から、政権参加候補者に対する不満の声があがります。たとえば、陸軍省軍務局軍事課長で対中強硬派のひとりだった田中新一《たなかしんいち》大佐は、候補者がいずれも清朝政府か北京政府のときの高官で、現在政権を握っている国民政府と対立しているか、または行動を異にしていて、はたして彼らが華北新政権を建てるだけの実力を持っているかどうか疑問であると訴えました。

王揖唐（『写真週報』第110号、1940年4月）。

しかし、喜多らが国民政府内から実力者を

寝返らせて政権を作るだけの力はなく、華北新政権は人材の面で大きな不安を抱えることになったのです。

喜多らは最終的に王克敏を華北新政権の指導者に据えることを決め、王と面識のあった山本栄治《やまもとえいじ》を介して上海にいた（大連または香港にいたともいわれる）王に説得を試みました。山本は福岡県に生まれ、若くして福岡県を本拠とした黒龍会《こくりゅうかい》の一員となります。黒龍会は一九〇一年にアジア主義者の内田良平《うちだりょうへい》が創設した政治団体で、ロシアに対する強硬的発言や中国革命を支援して孫文に資金援助をしたことで知られていました。

山本は二〇歳の頃中国に渡り、日露戦争後、奉天《ほうてん》で軍需品を卸す貿易会社を開業。その後、青島や長沙《ちょうさ》でも商売を行い、国民政府の中国統一後は上海に転居し、日本海軍顧問の身分を得て、上海の財界人や商人と活発に交流をしました。おそらく、この頃に山本は王克敏と知り合ったのではないかと思われます。

山本から華北新政権参加の打診を受けた王克敏は、熟考の末、その要請を受け入れました。王克敏はなぜ日本側の求めに応じたのでしょうか。これについては諸説あり、現在のところはっきりしません。

たとえば、王克敏と同様に喜多から華北新政権に参加するよう説得を受けていた曹汝霖は、回想録のなかで王克敏は有名な賭博《とばく》好きで、もともと裕福だったにも拘《かかわ》らず、当時は財産をすっかり使い果たしていて、貧困から抜け出すために日本側に協力したと語っています（『一生之回憶』）。

一方、尹氷彦《いんひようひん》によると、王克敏は山本と接触後、事態が重大な局面に至ったことを、蔣介石の側近だった宋子文《そうしぶん》を通して蔣に報告したところ、蔣から華北のことは王に任せるとの回答があったため、日本側の説得に応じたと述べています（「華北日偽政権的建立和解体」）。

宋子文は上海に本拠を置く浙江財閥を率いた実業家で、中国財界と深いつながりのあった王とも以前から交流がありました。ちなみに、宋の娘の三姉妹、靄齢《あいれい》、慶齢《けいれい》、美齢《びれい》は、それぞれ孔祥熙《こうしようき》（国民政府財政部長）、孫文、蔣介石の夫人となりました。

王克敏は宋子文から毎月給金を受けていたとの噂も流れましたが、現在のところ、それを裏づける具体的な史料は見つかっていません。

中華民国臨時政府の設立

華北新政権入りを決意した王克敏は、一二月七日に北京に到着すると、政権参加予定者を集めて政権の綱領を作成するなど設立に向けた準備を進めます。もともと政権は一九三八年一月一日に設立される予定でしたが、それより半月あまり前の一九三七年一二月一三日、日本軍の攻撃で国民政府が直前まで首都としていた南京（一二月七日、湖北《こほく》省漢口《かんこう》に首都機能を移転）が陥落すると、日本軍は国民政府が崩壊したことを中国民衆に印象づけるため、王に急いで政権を作るよう指示しました。

これを受け、王克敏は一四日、北京の中心にある中南海《ちゅうなんかい》公園内の居仁堂《きょじんどう》に関係者を招いて政権成立式を開き、漢口に撤退した国民政府に代わる新たな中央政府として、中華民国臨時政府の成立を宣言します。政権名に「臨時」とあるのは、中央政府としてふさわしい人材が揃うまでは政権を臨時的なものとするためでした。王の考えでは、かりに日中両国が和平を結んだ場合は、国民政府に政権を返上し、和平が達成されなかった場合、中央政府として時局の収拾に乗り出すつもりだったのです。

臨時政府は反共の立場から、冀東政権と同じく第一次国共合作後の国民政府を否定します。そして、自らが中華民国建国以来の正統を継ぐ政権であることを示すため、年号は中華民国年号を継承し、国旗は冀東政権も使用していた五色旗、そして国歌は一九二八年に国民政府が中国を統一するまで歌われていた「卿雲歌《きょううんか》」を採用します。

臨時政府の政治組織はどのようになっていたのでしょうか。臨時政府は行政委員会（初代委員長〔以下同〕王克敏）・議政委員会（湯爾和）・司法委員会（董康《とうこう》）からなり、最高指導者の主席はひとまず空位とし、行政委員長の王克敏がその間政権の代表者を務めました。

政権の行政を掌《つかさど》る行政委員会は、六人の委員で構成。議政委員会から提出された各種案件

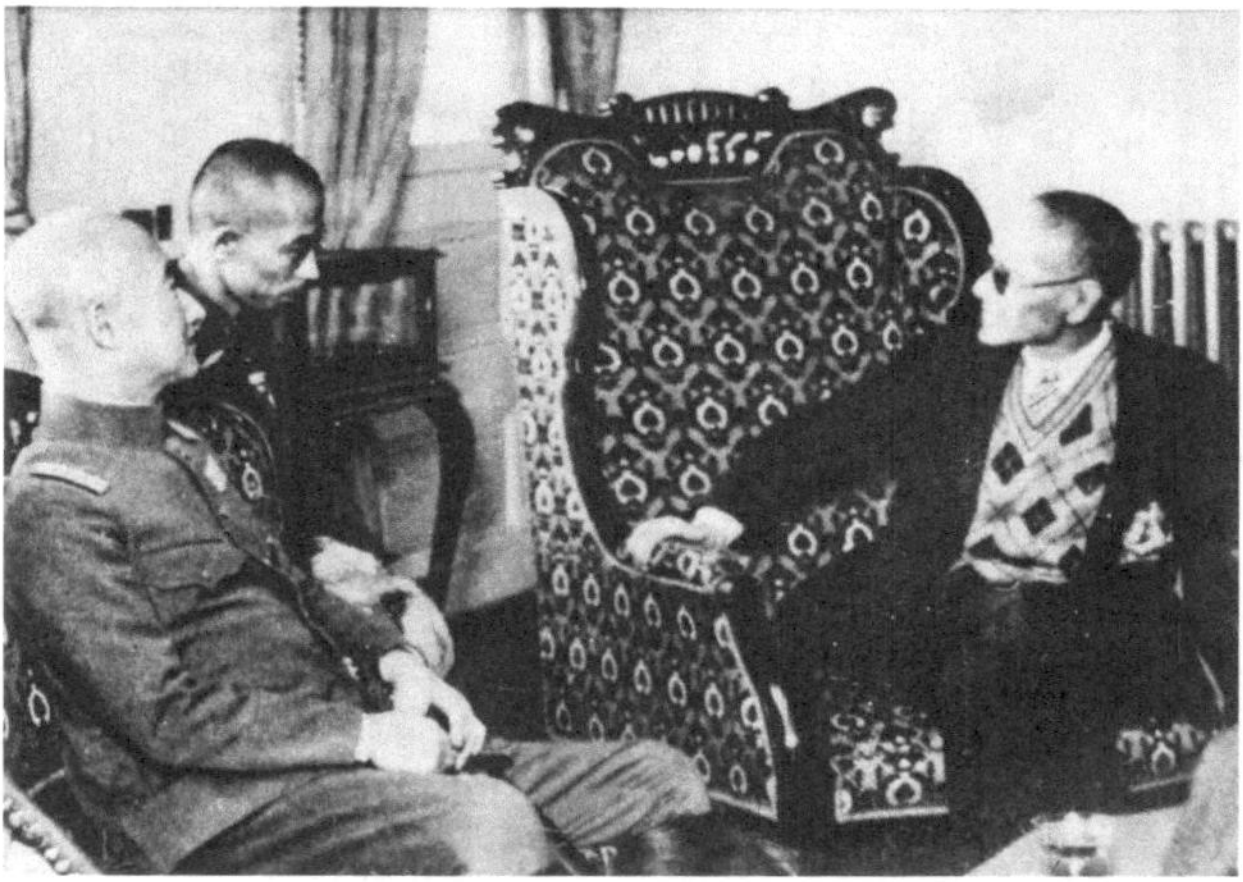

1937年12月28日、北支那方面軍の寺内寿一司令官（左）と談笑する王克敏（『同盟写真ニュース』第804号）。

の決議を主に行い、そのほかの行政処理は、行政委員会の下にある行政部（初代部長〔以下同〕王克敏。一九三八年一〇月、内政部に改組）・治安部（斉燮元《さいしょうげん》）・教育部（湯爾和）・賑済部（王揖唐。一九三八年一〇月、委員会に改組）がそれぞれ担当しました。

議政委員会は七人の委員からなり、施政方針をはじめ、法律案や予算案、各種条約案などの作成と審議を行いました。司法委員会は、法令の統一解釈や判例の変更などの処理を担当していました。

臨時政府の成立と同時に、これまであった北平・天津両治安維持会は解消され、その後、冀東政権をはじめ、華北各治安維持会と自治政府も相次いで臨時政府に吸収されます。この結果、臨時政府の支配領域は、すでに日本軍の占領下にあった河北・山東・山西・河南各省の一帯と、北京・天津・青島の三特別市に及んだのです。

臨時政府は一九三八年三月二三日、「省道県公署組織大綱」を制定し、清末の地方制度に倣って、省組織を再編成します。たとえば河北省の場合、省内を四つの道（保定道《ほていどう》・津海道《しんかいどう》・冀南道《きなんどう》・冀東道）に分け、その下に所轄の各県が置かれました。

これら臨時政府の中央・地方各機関には、従前の傀儡政権と同様、日本軍の命令で日本人顧問が配置されていました。一九三八年四月一七日、寺内北支那方面軍司令官と王克敏との間で結ばれた「政府顧問約定」によると、臨時政府が必要とする専門技術官・教授・教官・教導官など、顧問は北支那方面軍司令官が推薦した日本人を充てると規定されています。

日本人顧問は特務部を通して臨時政府内に派遣されました。そのなかで、臨時政府を統轄する三委員会のうち、行政委員会には湯沢三千男《ゆざわみちお》、議政と司法の二委員会には大達茂雄《おおだちしげお》がそれぞれ顧問に就きます。

湯沢は一八八八年に栃木県で生まれ、一九一二年に東京帝国大学法科大学卒業後、内務省に入省し、社会局で保険部長や労働部長などを歴任。その後、宮城・広島・兵庫の県知事をへて、一九三六年に広田《ひろた》内閣で内務次官に任命されます。臨時政府行政顧問には一九三九年九月まで在職し、帰国後、大日本産業報国会理事長や内務大臣、貴族院議員などを務めました。

大達茂雄は一八九二年島根県生まれ。一九一六年、湯沢と同じく東京帝大法科大学を卒業したあと、内務省で医務課長や行政課長などを務め、一九三二年からは福井県知事、満洲国法制局長、国務院総務庁次長、同庁長を歴任します。臨時政府顧問辞職後は内務次官に転じ、一九四三年七月に東京都が新設されると、初代東京都長官に就任しました。

湯沢ら日本人顧問は、特務部の支持を受けて、臨時政府のあらゆる業務に干渉します。しかし、自分の意見を曲げない頑固者として知られていた王克敏は、日本の傀儡になることを良しとせず、しばしば日本人顧問や特務部側と意見を衝突させました。このため、北支那方面軍の一部からは王克敏を臨時政府から排除すべきである、との声があがるのです。

民衆工作を担った中華民国新民会

臨時政府は成立の経過からも明らかなように、華北民衆の支持を何ら得ることなく設立されました。北支那方面軍は、民心を掌握しない限り政権の存続は望めないと判断、臨時政府設立を前に、特務部の成田貢《なりたみつぐ》少佐に命じて、臨時政府を翼賛して民心を獲得するための民衆団体の設立に着手します。

成田は一一月、満洲国協和会を脱退して北京に移り住んでいた小澤開作《おざわかいさく》や元満洲国外交部大臣の張燕卿《ちょうえんけい》らの協力を得て団体設立の準備を進め、臨時政府成立から一〇日後の一二月二四日、北京に中華民国新民会を発足させます。

なお、満洲国協和会は、満洲の五族協和や王道政治の理念に共鳴した小澤開作らによって、一九三二年に結成された団体です。はじめ、協和会は満洲国や関東軍と一定の距離を保ちながら、民衆教化に努めました。しかし、次第に関東軍が同会の方針や人事に介入してくると、それを嫌った小澤ら結成メンバーは離脱。小澤は、再起を図るため、北京に拠点を移したのです。

新民会設立と同時に発表された「新民会宣言」によると、新民会は臨時政府と表裏一体の国民組織であるとされました。同じく公表された「新民会大綱」では、新民会は新政権の護持と民意の暢達《ちょうたつ》・産業の開発と民生の安定・東方文化と道徳の発揚・反共戦線への参加・友隣（特に日本）との提携実現と人類平和への貢献、以上の五項目（五綱領）を基本方針とすると定められました。

新民会は北京に中央指導部を置いて、傘下各機関の統制・各種工作の企画指導・職員の養成をします。中央指導部内には、中央指導部委員会・総務部・教化部・厚生部があり、そのなかでも総務部は新民会運営の中枢で、部内各科長のほとんどは日本人で占められていました。つまり、新民会も臨時政府と同様、事実上日本人によって運営されていたのです。

1938年1月18日、神戸中華会館で開かれた臨時政府成立慶祝大会（『写真週報』創刊号、1938年2月）。日本に住む華僑の多くは臨時政府の成立を支持し日本に恭順の意を表した。

1938年5月1日、王克敏は日本を訪れ、近衛文麿首相ら政府要人と意見を交わした（『読売ニュース』第198号、1938年5月）。

これに対し、実際に農村に入って活動する指導者の育成を行った教化部や、茶館の運営、および医療行為などの任務を担当した厚生部といった実務部門の長には、中国人が任命されました。そして、地方にも各省・道・市・県に指導部が開設され、中央指導部の指示を受けて民衆工作を行ったのです。

新民会の会長は臨時政府主席が空位だったため、それに倣いしばらく空席とし、副会長に就任した張燕卿が代行。新民会の要《かなめ》となる中央指導部の部長には繆斌《みょうひん》が就任します。

繆斌は一九〇三年、江蘇省《こうそしょう》無錫《むしゃく》生まれ。一六歳のとき、北京で起きた五四運動に刺激を受け、無錫にあった政治思想団体と関わりを持つようになりました。そして、繆は日本に留学経験のある先輩から明治維新の話を聞き、五四運動で反日を唱えるよりも、まず明治維新を経験した日本を知って、その新しい革命を勉強する必要があると痛感します。

それからまもなくして、繆斌は上海南洋公学《なんようこうがく》（現在の上海交通大学）に入学。孫文や汪兆銘と知り合い、一九二二年に国民党に入党。そして、南洋公学卒業後、繆斌は以前から関心を抱いていた日本に留学を果たすのです。

留学を終え帰国した繆斌は一九二四年六月、広州《こうしゅう》にあった国民革命軍の幹部養成学校の黄《こう》埔《ほ》軍官学校で電気無線科教官を務め、そこで政治部主任をしていた周恩来と親しくなります。その後、国民党中央特別委員会候補委員、中央党部青年部員、国民政府軍事委員会経理処長、江蘇省政府委員兼民政庁長などを歴任し、一九三一年には一転して、綿花栽培を研究するという理由で、アメリカのコーネル大学に留学しました。

同年留学を終えると、繆斌はしばしば日本を訪問し、頭山満《とうやまみつる》や、農本主義者の権藤成卿《ごんどうせいきょう》、陽明《ようめい》学者の安岡正篤《やすおかまさひろ》らと親交を深めます。盧溝橋事件が勃発すると、儒教の王道主義による日中提携の必要性を訴え、特務部の根本大佐の説得を受け、新民会に参画しました。

繆斌は中央指導部長に就任後、新民会の名称の由来となった新民主義を、会の行動原理として積極的に推進していきます。新民主義とはいったい何でしょうか。新民会職員として新民主義の普及に関わった岡田春生《おかだはるお》は次のように説明しています。

「新民主義は中国の大思想家である朱子の理念に基づいています。朱子は儒教を独自に解釈し、『大学』の三綱領である「明徳を明らかにするにあり」（明明徳）、「民に親しむにあり」（親民）、「至善に止まるにあり」（止於至善）の「親」という字を「新」と解釈して、「民を新たにするにあり」と読み替えました。私たちはその理念に共鳴し、『大学』の三綱領に続く格物・致知・誠密《ママ》（誠意の誤り――引用者注）・正心・修身・斉家・治国・平天下の八条目、さらには繆斌が発案した地方自治を意味する「親郷《しんごう》」の実現を目指すとともに、王道楽土を築き、東亜新秩序の建設を願っていました。新民会には五つの綱領がありましたが、その五つ目には「以貢献人類之和平」（人類の平和に貢献する）とあります。私はとても崇高な理念と感じますし、新民主義も決して間違っていなかったと思っています」(「新民会とは何だったのか─元中華民国新民会職員・岡田春生インタビュー」、『ニセチャイナ』所収)。

新民会は一九三九年に変容した

新民会は、新民主義など自らの主張を世間に広く訴えかけるため、『新民報』という新聞を創刊する一方、会務に従事する職員や地方で指導員として活動する人材を育てるため、新民学院・新民塾・中央訓練所・青年訓練所といった養成機関を開設します。

たとえば、一九三八年一月一〇日に北京西城区《せいじょう》国会街《こっかいがい》に開設された新民学院は、日満華提携実現に貢献する中国系職員を養成することを教育目標とし、一カ年の修業期間に訓育・東洋政治学・法律学・行政学・財政学・経済学・官吏学・地史学・日本語・体育の各科目がありました。院長には王克敏が就任し、講師には大日本言論報国会の事務局長を務めた国粋主義思想者の鹿子木《かのこぎ》員信《かずのぶ》や、中国文学者の橋川時雄《はしかわときお》、国立清華《せいか》大学教授で後に『源氏物語』を中国語訳したことで知られることになる銭稲孫《せんとうそん》、『満洲評論』の社長を務めた小山貞知《こやまさだとも》など著名人が招かれたのです。

新民会は発足以降、組織の確立に力を尽くすとともに、各地で会員の獲得を進めました。その結果、職員の数は発足直後の数人から、一九三九年度末には二三三八人に増大し、組織

1940年8月17日、王克敏の辞職にともない、新民会二代目会長に王揖唐が就任した（『写真週報』第132号、1940年9月）。

末端の分会の会員数も一九三九年末には六七万四〇〇〇人にまで達しました。

しかし、新民会は一九三九年を境に大きく変容します。それは、同年三月、新民会創設時から会の運営を支援してきた根本大佐が興《こう》亜《あ》院《いん》華北連絡部次長に転補され、九月、予備役陸軍中将の安藤紀《あんどうき》三郎《さぶろう》が新民会顧問に着任、軍の影響力を背景に新民会の実権を掌握したからです。安藤は、華北の治安が安定したことで用済みとなった約三〇〇〇人に及ぶ軍宣《せん》撫《ぶ》班を新民会に統合させて、宣撫班にかかる費用を臨時政府に肩代わりさせようとしたのです。

この安藤の政策に対し、新民会で中心的役割を果たしてきた総務部長の小澤開作や中央指導部次長の早川三郎《はやかわさぶろう》ら旧満洲国協和会メンバーが強く反発し、次々と新民会から去っていきました。しかし、批判を受けながらも、安藤は一九四〇年三月一日、宣撫班と新民会の統合を断行、八日には綱領や章程なども改めます。なお、これより先の一九三九年一二月、王克敏が新民会会長に就任し、副会長も張燕卿に代わって、王揖唐・繆斌・安藤の三人体制に改める人事異動が行われました。

聯銀券と法幣の通貨戦争

北支那方面軍は新民会の設立を進める一方で、華北の占領統治と臨時政府の存続にとって重要な華北金融の掌握に乗り出します。すでに華北金融界は、一九三五年一一月の幣制改革以降、法幣の流通によって浙江財閥系銀行の事実上の支配下にありました。

盧溝橋事件以後、北支那方面軍は、華北に占領地を拡げると、現地で軍需品を調達するために、日本から軍票や朝鮮銀行券（朝銀券）を持ち込んで支払いに利用しようとします。しかし、法幣が華北で信用貨幣として流通していたため、軍票や朝銀券はあまり普及しませんでした。そこで、日本政府は一九三七年九月一二日、軍の現地支払いは原則として非浙江財閥系の河北省銀行券を用いることを決めたものの、これも法幣の支配を打ち崩すことはできなかったのです。

この状況を打開するため、北支那方面軍は満鉄理事の阪谷希一《さかたにきいち》を招き、華北新政権による中央銀行創設と新貨幣による通貨統一を目指しました。阪谷は王克敏とも旧知の中国銀行満洲総経理の汪時璟《おうじけい》を説得して仲間とし、天津や南京の金融界関係者と懇談して新銀行設立の準備を進めます。そして、日本政府は一一月二六日、「華北聯合《れんごう》銀行（仮称）設立要綱」を閣議決定し、華北新政権と中国主要銀行の出資による資本金五〇〇〇万円の中央銀行を創設することを決めました。

元中国銀行総裁として中国金融界に一定程度の影響力を持っていた王克敏は、臨時政府が設立されてまもない一二月二三日、華北の主要銀行の代表者を北京に呼んで新銀行への参加を呼びかけます。しかし、日本の傀儡になることを潔しとしなかった一部代表者は態度をあいまいにし、数日後、華北を去るのです。

一九三八年二月五日、臨時政府は「中国聯合準備銀行条例」を公布し、同行に政府中央銀行として貨幣の製造と発券の権利を与えました。同夜、北京の日本大使館で開かれた大野龍太《おおのりゅうた》中国駐箚《ちゅうさつ》財務官の歓迎式典で、寺内司令官は大野に日本軍が戦争で勝利を収めているにも拘らず、日本円が中国元よりも安くなっている現状を非難し、ただちに円と元を等価で換えられるようにするよう命じました。戦争で勝つことと、通貨の価値が上がることは何ら関係なく、この発言は寺内の経済知識のなさを示すものといえます。

しかし、大野は寺内のこの無理な要求を無視することができず、阪谷らと協議のうえ、華北で円元等価を採用することを決めたのでした。当時、華北での円の市場価格は一〇〇円対法幣九二円前後であったため、阪谷らは朝鮮銀行券を使って円を買い、開業までに円元等価が実施できる態勢を整えます。

日本陸軍の記念日にあたる三月一〇日、臨時政府は北京に中国聯合準備銀行（以下、聯銀）を創設。総裁には汪時璟が就任し、開業に尽力した阪谷は顧問に任じられます。聯銀は開業当初、華北の中国系銀行から銀塊を集めるなどして、合計一億七〇〇〇万元程度の聯銀券が発行できるようになっていました。一一日、臨時政府は「旧通貨整理辦法」を公布して、華北で流通していた浙江財閥系の中国・交通両銀行券（法幣）、河北省銀行券、冀東銀行券を一カ年内に限り使用を認め、その間にそれらを回収して聯銀券と交換し、法幣による華北金融の支配を打ち崩そうとします。しかし、華北で流通していた法幣三億元のうち、使用が禁止された一九三九年三月の時点で、聯銀が回収した法幣の額はわずか二〇〇〇万元ほどで、聯銀の法幣回収は事実上失敗したのです。

それでは、残りの法幣はどこへ行ってしまったのでしょうか。一部が共産党の抗日根拠地で使われましたが、大半は天津のイギリス租界に集まっていました。同地では国民政府を支援していた外国系銀行が、貿易の外貨代金として聯銀券でなく法幣を用いたため、法幣は聯銀による回収を免れていたのです。これが原因のひとつとなって起きたのが天津英仏租界封鎖事件（詳細は後述）です。

国策会社による華北資源開発

臨時政府が統治した華北一帯は、豊富な資源に恵まれていたことで知られていました。綿花や小麦など農産物はもとより、鉱産資源では、たとえば華北の石炭埋蔵量は中国全体のおよそ八〇パーセントにあたる一三〇〇億トンに達し、しかも炭層が地表から近くにあり、採掘が容易であるという自然的条件にも恵まれていたのです。また、鉄鉱石の埋蔵量も三億トン以上あると推定され、このほかにも埋蔵されていた金属資源は金・銀・鉛・亜鉛・雲母・アルミニウム・マンガン・タングステンと多種に及びます。

すでに、支那駐屯軍が一九三四年頃から華北の資源開発に関心の目を向けていましたが、日中戦争が勃発し、本格的な戦時体制に突入すると、日本は臨時政府を差し置いて、直接的に華北資源の獲得に乗り出したのです。

一九三七年一二月二四日、日本政府は「支那事変対処要綱（甲）」を閣議決定し、華北占領地の経済開発と統制のため、新たに国策会社を設立することを決定。その後、日本商工会議所会頭などを歴任した郷誠之助《ごうせいのすけ》を中心に設立準備が進められ、一九三八年一一月七日、北支那開発株式会社が正式に創設されます。

当初、資本金の三億五〇〇〇万円は日本政府と民間の折半で賄われ、日本政府は出資の一部を線路や機関車などの現物で支給。本社は東京に置かれ、北京と張家口《ちょうかこう》に支社、大阪・青島・太原・天津・済南《さいなん》に事務所がそれぞれ設置されます。そして、北支那開発の事業を取り仕切る総裁には大谷尊由《おおたにそんゆ》が就任したのです。

大谷尊由は一八八六年八月、浄土真宗本願寺派《じょうどしんしゅうほんがんじは》（西本願寺）第二一代法主の大谷光尊《おおたにこうそん》の第五子として京都に生まれます。長兄で第二二代法主の大谷光瑞《おおたにこうずい》は、一九〇二年から一九一四年まで三回にわたり、探検隊を率いて中央アジアの仏教遺跡を調査したことで知られ、日本軍の中国進出についても積極的に支持を表明していました。尊由は一九二八年に貴族院議員に勅選され、一九三七年六月に組閣した第一次近衛文麿《このえふみまろ》内閣では拓務大臣を務めます。尊由は日露戦争中、満洲で従軍布教を経験し、その後も兄光瑞とともにしばしば中国を訪れるなどして、中国事情に精通していたのです。

北支那開発の主な任務は、華北と蒙疆《もうきょう》の重要産業に投資と融資を行って経済開発を促すことでした。その重要産業とは具体的に、交通運輸・通信・発送電・鉱産・塩の製造販売・そのほか華北と蒙疆の経済開発を促進させるものの計六種類でした。北支那開発はこの任務を遂行するため、次々と関連会社を設立することになります。

代表的な関連会社のひとつが、華北交通股份有限公司《こふんゆうげんこうし》（北支那交通株式会社）です。華北

1938 年 11 月、国策会社の日本製鉄の支援を受けて操業を開始した石景山製鉄所（『写真週報』第 72 号、1939 年 7 月）。

交通は一九三九年四月一七日に北京に設立された中国特殊法人で、資本金三億円は北支那開発・満鉄・臨時政府からそれぞれ出資されました。

華北交通の主な業務は、華北全域を通る鉄道・自動車・水運の運営と蒙古聯盟自治政府から委託された蒙疆地区の鉄道経営でした。蒙古聯盟自治政府は、蒙古独立運動を主導していた徳王《とくおう》が関東軍の支援のもと、綏遠省厚《すいえんしょうこう》和《わ》（現内蒙古自治区フフホト）に設立した政権です。その後、成立する蒙古聯合自治政府などと合わせて、蒙疆政権と総称されました。

設立当初の華北交通の鉄道営業距離は約四六〇〇キロメートル（自動車路線は約五四〇〇キロメートル）でしたが、占領地の拡大にともない、一九四三年九月末までに、総距離は約六一〇〇キロメートルにまでなりました。

華北交通はこの鉄道を使って石炭や綿花などを大量に輸送。また、華北の治安が安定すると旅客輸送にも力を入れ、一九四二年には旅客数が前年比の四五パーセント増のおよそ五五四七万四〇〇〇人を記録しました。

しかし、この長い鉄道路線をすべて日本軍だけで守ることは難しく、たびたび八路軍によって線路が爆破されたり、数キロメートルにわたって線路が根こそぎ剝《は》ぎ取られたりするなどの妨害を受けることになるのです。

拡大する辺区

第二次国共合作によって国民政府軍事委員会の指揮下に入った八路軍は、日本軍と遊撃戦（ゲリラ戦）を繰り返しながら移動し、華北各地に辺区（解放区）と呼ばれる抗日根拠地を建設していきました。ここでは一九四〇年頃までにできた主要な辺区について簡単にみていきましょう。

一九三七年九月に成立した陝甘寧《せんかんねい》辺区は、国民革命軍に逐《お》われた共産党軍が陝西省北部に開いた中華ソビエト共和国臨時中央政府西北辦事処を前身とします。同辺区は、西北辦事処が第二次国共合作で廃止されたことにともない新設されました。

日本軍の攻撃を受ける辺区（『アサヒグラフ』第40巻第21号、1943年5月）。

　辺区政府は陝西省延安《えんあん》県に置かれ、陝西・甘粛《かんしゅく》・寧夏《ねいか》の三省にまたがる二三県を範囲としました。人口は辺区中最少の約一五〇万人でしたが、毛沢東《もうたくとう》を中心とする中共中央政治局の直接指導のもと、共産党の本拠地として土地改革や経済建設などが積極的に行われます。

　陝甘寧辺区が成立すると、八路軍は山西・綏遠・河北方面に進出して辺区を拡げます。一九三八年一月、山西省の五台《ごだい》地区に侵攻した八路軍第一一五師によって晋察冀《しんさつき》辺区が設立されました。第一一五師は一九三七年九月、山西省の平型関《へいけいかん》で北支那方面軍第五師団所属の一個旅団を破り、抗日戦争最初の勝利として大々的に宣伝されたことで名を馳《は》せます。ちなみに、第一一五師が攻撃したのは旅団の後方にあった補給専門の輜重《しちょう》部隊であり、双方が本格的な戦闘を交えたわけではありません。晋察冀辺区は、辺区政府のあった河北省阜平《ふへい》県を中心に、山西・河北・察哈爾・熱河《ねっか》・遼《りょう》寧《ねい》各省の一〇八県を領域とし、人口は陝甘寧辺区の一七倍にあたる二五五〇万人に及んでいました。

晋察冀辺区の範囲は日本軍占領地とほぼ重なり合っていたため、日中戦争期を通して激しい戦闘が繰り返されたところです。特に辺区中部の冀中《きちゅう》区と名づけられた河北平原一帯は、八路軍が得意とした遊撃戦が通用しなかったため、日本軍の掃討作戦によって苦戦を強いられました。

日本軍は村落に逃げ込んだ八路軍をあぶり出すため、毒ガス兵器を使用。これらの毒ガスは八路軍だけでなく、村落の住民たちにも大きな被害を及ぼしたのです。この掃討作戦を中国側は「三光《さんこう》作戦」と名づけ、激しく非難しました。三光とは、中国語で「焼光《シアオクアン》」（焼き尽くす）、「殺光《シャークアン》」（殺し尽くす）、「搶光《チアンクアン》」（奪い尽くす）という意味を表したことばです。

第一一五師とともに山西省に進出した八路軍第一二〇師は、日本軍に対し遊撃戦を展開しながら根拠地建設を進め、一九四〇年春、山西省と綏遠省にまたがる高原地帯に晋綏《しんすい》辺区を設けます。晋綏辺区は四六県を支配下に置く、人口約三二万人の小規模な抗日根拠地でした。ところが、同辺区は陝甘寧辺区と晋察冀辺区を繋《つな》ぐ重要な位置にあったと同時に、北部は蒙疆政権の領内と重なっていたため、大青山《だいせいざん》抗日根拠地とともに蒙疆政権の統治を脅かす存在となるのです。

王克敏暗殺未遂事件

臨時政府に抵抗したのは、国民革命軍や八路軍だけに止《とど》まりません。漢奸《かんかん》とされた王克敏ら臨時政府要人は、蔣介石直属の諜報《ちようほう》組織である軍事委員会調査統計局、通称軍統に日々行動を監視され、命を狙われていたのです。

臨時政府成立後、日本軍は北京市内の東城《とうじよう》区煤渣《ばいさ》胡同《フートン》にあった元北京鉄路局の建物内で、臨時政府側と合同会議を開きます。

王克敏は毎日、臨時政府での勤めを終えると合同会議に出席し、日本側にその日の勤務状況について報告していました。王はいつも車で会議場所に向かいましたが、その車には臨時政府の顧問になっていた山本栄治と、王の警護役を務めていた北支那駐屯憲兵隊の加藤富士《かとうふじ》松《まつ》、そしてふたりの中国人翻訳官が同乗していました。

一九三八年三月二八日午後七時過ぎ、合同会議を終えた王一行が執務室のあった外交大楼へ戻るために車を発車させると、煤渣胡同を曲がったところで数発の銃弾を浴びたのです。助手席に乗っていた加藤はすぐさまピストルを手にし、運転手に大声でスピードをあげてその場から走り去るよう指示しました。

外交大楼に到着後、後部座席に乗っていた王克敏が幸いにも無事であることはわかりましたが、王の横に乗っていた山本は背中に銃弾を受けて血を流していました。ただちに、山本はすぐ近くの同仁《どうじん》病院に運び込まれて手術を受けたものの、懸命の治療の甲斐《かい》なく、数カ月後に息を引き取ります。王によると、銃声を聞いた山本はとっさに王の体を座席の下に倒し、その上に覆いかぶさって王の安全を確保したそうです。しかし、数発の銃弾のうち、一発が車体を貫通し、山本の背中に命中してしまったのです。

事件後、日本軍憲兵隊によって捜査が行われ、犯行は軍統によるものであることが判明します。そして、事件に関与したとして蘭子春《らんししゅん》と徐自富《じょじふ》が逮捕され、すぐにふたりとも憲兵隊によって殺害されました。政権指導者の王克敏にまで暗殺の手が及んだことで、臨時政府は改めて治安強化の必要性を認識することになります。

治安軍は「お荷物」扱いされた

もともと、臨時政府には治安維持にあたる兵力が警防隊と憲兵隊の計五〇〇〇人しかなく、当初、日本軍も臨時政府に軍事的な期待を寄せていませんでした。しかし、日中戦争が拡大するなか、日本軍は、治安のさらなる向上に加え、戦争の長期化にともなう軍事的負担の一

華北綏靖軍総司令部（『写真週報』第 166 号、1941 年 4 月）。

華北綏靖軍の「銀輪部隊」（自転車部隊）（『写真週報』第 166 号、1941 年 4 月）。

部を臨時政府に肩代わりさせるため、臨時政府に軍隊を創設させ、彼らに治安維持の一端を任せようと考えたのです。

この方針のもと、一九三八年七月に臨時政府最高軍事顧問に就任したのが永津佐比重《ながつさひしげ》少将です。永津は一九二〇年に陸大を卒業すると、数年間の欧米滞在を除き、一貫して陸軍の中国専門部局を渡り歩きます。また、対中強硬派のひとりとして知られ、塘沽停戦協定の際には、北京武官として中国側代表に圧力を加え、中国側の要求を一切拒絶しました。

中国の事情を熟知していた永津は、軍閥の旧弊が軍隊に悪影響を及ぼすことを懸念し、新軍隊の幹部には通州《つうしゆう》軍官学校を卒業した、軍閥と縁のない人材を登用します。しかし、実戦部隊を率いる中隊長以上の将校は戦場を経験した者でなくては務まらなかったため、永津はやむなく臨時政府治安部長で元直隷《ちよくれい》軍閥の斉燮元に人選を依頼します。

兵士の募集にあたり、臨時政府は支配領内の各地で戸口調査を行い、そのなかから戦いに耐えうる壮丁《そうてい》（成人男性）を選び出そうとしました。しかし、永津は臨時政府のやり方では住民に不安が広がるとして、治安の安定していた河北省北部に限定して募兵を行います。

一九三九年一〇月一日、臨時政府所属の軍隊として正式に発足した治安軍は、八個団、兵力一万五〇〇〇人からなり、河北省と山東省に配属され、日本軍に従って掃討戦に参加しました。ところが、治安軍は訓練不足に加え、兵士の素質が芳しくなく、しばしば日本軍から

「お荷物」扱いされたほどです。しかし、翌一九四〇年になると、治安軍は一四個団約二万六〇〇〇人に兵力が増加され、名称も華北政務委員会の成立にともない、華北綏靖《すいせい》軍と改められたのでした。

中華民国政府聯合委員会

一九三八年三月二八日、中支那派遣軍による指導のもと、南京で江蘇・浙江・安徽の三省を領域とする傀儡政権、中華民国維新政府が成立。国民政府に代わる中国新中央政権を自認していた臨時政府は、新たな政権の誕生を快く思っていません。しかし、日本の傀儡政権である以上、彼らの意見が日本軍の意に反して受け入れられることはなかったのです。

すでに、日本軍は一九三八年以降の戦争指導計画のなかで、華北・華中・華南にそれぞれ傀儡政権を樹立し、相互が対立しないよう連繫《れんけい》を図りながら、各政権を自発的な形で合流させるという方針を定めていました。また、日本政府も維新政府成立後の一九三八年四月一六日、「北支及中支政権関係調整要領」を閣議決定し、今後も臨時政府を中央政府とみなして、華中政権と合併統一させることにしたのです。

これらの方針に従い、臨時政府と維新政府は四月から合流に向けた話し合いを始めます。協議では、外交問題が発生した場合に臨時政府が主導的に処理することや、合流後も聯銀を中央銀行とすることなど、臨時政府に有利な取り決めが交わされました。このように決まった背景には、傀儡政権の主導権をめぐる北支那方面軍と中支那派遣軍の駆け引きがあったのです。

臨時・維新両政府の協議が進展したことを受け、日本政府は七月一五日、首相・外相・陸相・海相・大蔵の各大臣からなる五相会議で「支那新中央政府樹立指導方策」を決定。なるべく速やかに臨時・維新両政府による聯合委員会を北京に設置し、すでに成立していた蒙疆政権もこれに組み入れることにします。

しかし、蒙疆政権を指導していた関東軍、ならびに維新政府を作り上げた中支那派遣軍は、北支那方面軍が実質上の指導権を握る聯合委員会の設立に賛成しませんでした。三政権の取りまとめ役を務めた土肥原賢二中将は、九月初旬、三政権の代表を大連に呼んで意見を調整し、聯合委員会をあくまで過渡的性格を持った組織にすると述べます。聯合委員会は、当面統一的な中央政権の設立を目指さないものとし、さらに、蒙疆政権はいったん構想から外して、臨時・維新両政府のみで聯合委員会を発足させることで三代表の合意を得ることになるのです。

この合意のもと、九月二二日、北京に中華民国政府聯合委員会が発足。聯合委員会を代表する首席委員には王克敏が就任し、王を含め、臨時・維新両政府から三人ずつが委員に選出

1939年7月12日に開かれた第五回中華民国政府聯合委員会、前列歩哨をおいて右から左に臨時政府側の朱深、王揖唐、王克敏、維新政府側の梁鴻志、温宗堯、陳群（『国際画報』第15巻第9号、国際情報社、1939年9月）。

されます。聯合委員会は、臨時・維新両政府の交通・通信・郵政・金融・海関・統税（生産物を他所へ輸送する際に課される税）・塩務・文教・思想の各分野の統制について協議し、重要事項については必要に応じて月一回開かれる会議で委員が討議することになりました。

会議は一九三八年中に二回、一九三九年には五回開催。これらの会議には北支那方面軍・中支那派遣軍・駐華日本大使館の関係者らもオブザーバーとして参加しています。

第六回目の会議が開かれる三日前の一九三九年九月一八日、国民政府から離脱して和平政府の樹立を目指していた汪兆銘は、会議場のあった南京を訪れ、一九日から二〇日にかけて、王克敏と維新政府行政委員長の梁鴻志《りょうこうし》とで三者会談を開き、汪兆銘を指導者とする新中央政権の設立に協力を求めました。

暗殺された程錫庚（『Who's Whoin China.』）。

天津英仏租界封鎖事件

王克敏が暗殺未遂にあって以降も、華北では漢奸や親日家を狙ったテロが横行します。天津ではテロリストや共産党の抗日ゲリラを取り締まるため、一九三八年一二月一四日から北支那方面軍第一一〇師団によって、潜伏先とされた英仏租界に対する検問が実施されます。天津の英仏租界は治外法権など、租界の特権を利用して、以前からテロリストや抗日ゲリラの潜伏を黙認していたほか、租界内の銀行が貿易に法幣を用いていたため、法幣を回収しようとした臨時政府から批判を受けていたのです。

テロへの警戒が続くなか、一九三九年四月九日、聯銀天津支行経理兼天津海関監督の程錫庚《ていしゃくこう》が、天津市内で映画鑑賞中に何者かに暗殺されます。程は若い頃欧米に留学して経済学や国際法を学び、一九三四年には外交部駐北平特派員として、冀東非武装地帯の運営に携わっ

天津日本租界と英租界の境にはバリケードが置かれ、人々の行き来が制限された(『写真週報』第70号、1939年6月)。

ていました。

天津の日本総領事館警察は、取り調べた関係者の自白から、犯人の四人が天津英租界に逃げ込んだことを突き止め、租界当局に犯人全員の引き渡しを要求します。しかし、租界当局は引き渡しを拒み、イギリス総領事も本国の訓令に従うとして犯人を匿《かくま》いました。

このため、六月一四日、北支那方面軍司令部は、本間《ほんま》雅晴《まさはる》中将率いる第二七師団に命じて英仏租界の封鎖をさせるとともに、英仏両租界当局に対し、犯人の引き渡しのほか、聯銀券の流通普及と法幣の流通禁止などを要求。北支那方面軍は、英仏租界封鎖によって、これまで租界当局との間にあった懸案事項を一挙に解決しようと試みたのです。臨時政府も六月二一日、温世珍《おんせちん》天津特別市市長を通して、英仏両租界当局に北支那方面軍司令部と同様の要求を行いました。

天津英仏租界が封鎖されたことを受けて、駐日イギリス大使のロバート・クレーギーは七月、東京で有田《ありた》八郎《はちろう》外務大臣に対し、租界封鎖解除についての直接交渉を申し入れました（有田・クレーギー会談）。クレーギーは日本軍の治安維持に関しては理解を示したものの、通貨の問題については、日英間で解決できる問題ではないとして、聯銀券の租界内での流通は黙認するも、法幣の流通禁止の要求は拒絶します。

その後、イギリス側が暗殺犯の引き渡しに応じ、日本側もイギリス側に天津水害（天津水災）の救済資金を支出するよう願い出る代わりに、聯銀券の使用について譲歩する姿勢をみせるなどして妥協が図られました。また、日仏両国の間でも仏租界封鎖解除に関する話し合いが進められます。そして、一九四〇年六月二〇日、北支那方面軍は問題が解決したとして、およそ一年に及ぶ天津英仏租界の封鎖を解除したのです。

傀儡ぶりを露呈させた天津水害

天津英仏租界封鎖事件にも影響を与えた天津水害とは、いったいどういう出来事であったのでしょうか。華北は例年七月上旬から八月中旬にかけて、台湾方面から北上してくる台風によって、ある程度の雨量がありました。しかし、一九三九年は華北まで台風が現れず、一

水害から逃れる天津市民（『アサヒグラフ』第33巻第10号、1939年9月）。

部地域で七月から八月にかけて旱魃《かんばつ》の被害が出たのです。

一方、この年、太平洋高気圧が西日本から黄海《こうかい》をへて華北東部まで張り出し、これに対するシベリア高気圧がバイカル湖南西付近でしばらく留《とど》まったことから、両高気圧の谷間にあった陝西省・山西省・内蒙古東部にかけての一帯で低気圧が発生。これが猛烈な雨を降らせました。たとえば、察哈爾省省都の張家口では、同年七月の総降水量が例年の約二・五倍の二七一ミリに達し、山西省省都の太原では同じく七月に、例年の約四倍の三九五・五ミリの雨が降ったのです。

その後、多量の雨水は河川を伝って河北省東部と接する渤海《ぼっかい》へと流れ込んだため、河川下流の地域では大量の河水によって堤防が壊され、都市部や農村に甚大な被害が及びました。特に被害が深刻だったのは天津です。天津市内を流れる海河《かいが》（白河《はくが》）には、北運河《ほくうんが》・南運河《なんうんが》・大清河《だいせいが》・子牙河《しがが》・永定河の五つの河川が合流していました。七月に華北西部と内蒙古東部が豪雨に見まわれると、河北省を流れる河川は次々と氾濫《はんらん》。海河も八月中旬、堤防から河水が溢《あふ》れ出し、天津市内に流れ込んだのでした。

天津防衛司令部は天津市内に救援部隊を派遣して、河水の放流や土嚢《どのう》を積み上げるなどして被害を最小限に食い止めようとします。しかし、いずれも充分な効果を得られず、遂には天津日本租界や英仏租界にも洪水が押し寄せたのです。租界住民は屋根の上に登ったり、ボートに乗ったりして洪水から身を守ることになります。

日本軍の懸命な復旧作業により、天津水害は一〇月頃までには収まります。この水害によって天津市全体の約八割の家屋が浸水し、中国人街での罹災者《りさいしゃ》数は六四万五八八七人、日本租界でも四万九八三〇人が被害を受けたのです。

天津英仏租界封鎖事件と天津水害は、臨時政府の統治に大きなダメージを与えましたが、本来、臨時政府が取り組まなければならなかった事件の解決を日本軍が主導的に行ったことは、臨時政府にいかに統治能力がなく、日本の傀儡政権だったのかを端的に表しています。

青島会談で顔をそろえた三氏。左から梁鴻志、汪兆銘、王克敏（『維新政府概史』）。

華北政務委員会へ改組する

一九四〇年一月二四日、汪兆銘の呼びかけで山東省青島に王克敏と梁鴻志が集まり、汪兆銘を指導者とする、新中央政府設立の問題に関する三者協議、青島会談が開かれます。

会談前、汪兆銘は日本側との和平交渉のなかで、維新政府は解消のうえ、新中央政権に合流させ、臨時政府は華北政務委員会に改称させて新中央政権の一部とするも、同委員会に高度な自治権を与えて引き続き華北を統治させることに同意していました。青島会談では、これらの交渉内容が汪から王克敏と梁鴻志に告げられ、最終的な承認が交わされます。

なお、汪と日本側の和平交渉は一九三八年春頃から秘密裏に進められていましたが、青島会談が開催される前の二一日、香港『大公報』に交渉内容の詳細が暴露され、汪が日本の傀儡と化していることに強い非難の声があがっていました。

三月三〇日、汪兆銘が南京で中華民国国民政府（汪兆銘政権）の成立を宣言すると、王克敏は同日、臨時政府の廃止と華北政務委員会の成立を発表します。

委員長には王克敏が就任。委員長を補佐して事務を処理する常務委員には、王克敏のほか臨時政府成立以来政権を支え続けてきた、汪時璟・斉燮元・湯爾和・王蔭泰・殷同《いんどう》・朱深が任命されました。

華北政務委員会の統治範囲は、次のとおりです。これまで臨時政府が支配してきた、河北・山西・山東・河南の四省と北京・天津・青島の三特別市。これに加え、日本軍が新たに占領した江蘇省北部（蘇北《そほく》）と安徽省北部（皖北《かんほく》）です。

委員会の機構については、これまでの行政・議政・司法の三委員会は廃され、新たに内務（署長（以下同）王克敏）・財務（汪時璟）・実業（王蔭泰）・建設（殷同）・教育（湯爾和）・治安（斉燮元）の六総署と政務（庁長（以下同）朱深）・秘書（王克敏）の二庁が設けられました。

このほか付属機関として、対日戦争協力の一環で、華北にある工場を日本軍に提供するための事務を処理する華北軍管工廠《こうしょう》処理委員会、食料など物資の統制と配給を行う物資調節委員会、共産党による抗日ゲリラの取り締まりや支配領内への共産主義の浸透を防衛する華

青島会談中にくつろぐ関係者ら。右から汪兆銘、王克敏、朱深、梁鴻志、斉燮元、温宗堯（『維新政府概史』）。

新中央政府成立に関する臨時・維新両政府関係者の協議。右から三人目が梁鴻志、ひとり置いて王揖唐（『維新政府概史』）。

北防共委員会などがありました。しかし、華北政務委員会も臨時政府のときと同様、日本人顧問が各種政務を監督し、政権を傀儡化していくのです。

以前から日本の傀儡となることに抵抗を感じていた王克敏は、日本の思うままに動かされていた汪兆銘を軽蔑《けいべつ》していました。汪もあまり協力的でない王に不満を持っていました。

一九四〇年三月、臨時政府成立時から王克敏の後ろ盾となっていた興亜院《こうあいん》華北連絡部長官の喜多誠一中将が、斉斉哈爾《チチハル》駐屯の歩兵第一四師団長に転補されて華北を去ります。そうしたところ、六月六日、汪は自らが握る華北政務委員会の任免権を利用して、王克敏を華北政務委員会委員長兼内務総署長の職から解き、代わりに王揖唐を同職に就けます。この一件で華北政務委員会と汪兆銘政権との溝はより一層深まるのです。

ある程度「成果」を挙げた治安強化運動

王揖唐は、一九四三年二月八日に第三代委員長の朱深と交代するまでの二年八カ月の間、日本側の指示に従って政権を運営していきます。王の在任中に実施された多くの政策のなかで、特に積極的に行われたもののひとつが治安強化運動です。

治安強化運動とは、主に共産党の抗日運動を抑え、華北の治安を維持するために北支那方面軍参謀部が立案した計画です。運動は、華北政務委員会が成立して一周年にあたる一九四

1940年10月25日、訪日中の王揖唐（右から二人目）と会談する近衛首相（左）（『写真週報』第141号、1940年11月）。

一年三月三〇日から、一九四二年一二月一〇日にかけて断続的に行われました。ここでは、特に一定の「成果」を挙げたといわれる第三次治安強化運動についてみていきます。

第三回治安強化運動は、一九四一年九月一〇日に北支那方面軍が作成した「第三次治安強化運動実施要領」にもとづき、同年一一月一日から一二月二五日までの五五日間にわたって行われました。要領によると、今回の運動は自治自衛組織と民衆組織の拡大強化を図った第一次と、共産党の討伐戦を実施した第二次の成果を踏まえ、辺区への経済封鎖を徹底的に実施して共産党を追い詰めることが目的とされています。

具体的には、村と村、県と県の間を遮断

して物資を抗日根拠地に流入させないこと、秋に収穫した農産物を農業倉庫に収めて八路軍からの掠奪《りゃくだつ》から守ること、抗日根拠地と許可なく交易したり、買い溜《だ》めや売り惜しみをした者は大衆の敵とみなして排除することなどです。

この経済封鎖は、はたしてどれくらいの効果があったのでしょうか。共産党側の記録によると、辺区の山地にいた農民は経済封鎖で極度の食糧不足に陥ったため、食糧のあった平地の農村を襲撃、晋察冀辺区の五台地区では、食料価格が高騰し、食塩の値段は日本軍占領地と比べて五倍から六倍にまで跳ね上がったとあります。

共産党は経済封鎖を突破するため、辺区の産物調査や物資輸出の奨励、輸出区域の拡大などを図ったり、「連防」と呼ばれる民衆抗日自衛組織を連携させて、日本側の情報を収集したり、攻撃に備えたりしたのです。

このように、治安強化運動はある程度の「成果」を挙げたものの、共産党を根絶するまでには至らず、北支那方面軍や華北政務委員会が期待したほど治安は回復しませんでした。

歴史的文物の破壊に繋がった金属献納運動

華北政務委員会は、第三次治安強化運動で辺区に対する経済封鎖を行ったほか、華北経済の安定を目的に、支配地域の住民に対し、節制や貯金、廃品回収を奨励します。特に廃品回収については、太平洋戦争開戦後、金属資源を必要としていた日本軍を支援するため、「金属献納運動」を実施し、民衆からありとあらゆる金属製品を供出させたのです。

たとえば、北京では次のようなことがありました。一九四二年一月六日に余晋龢《よしんわ》市長を委員長に発足した、北京特別市大東亜戦争金品献納委員会が主導して市民から銅製品を中心に金属を回収。同年一〇月二〇日から一カ月の予定で実施された第一次献銅運動では、日本軍の要望で総回収量の目標が五〇〇〇トンに設定され、市内各戸から平均一・五キログラムの銅製品の回収を目指します。

しかし、運動が終了した一一月二〇日までに回収できた量は、目標のおよそ五分の一の一〇八トンに止まったのです。献納委員会はさらに運動を三週間ほど延長させて徹底的な回収を試みたものの、結局、回収できたのは目標の半分の二五五トンでした。

なぜ、このとき回収量は目標に遠く及ばなかったのでしょうか。それは、運動期間が短いこともありましたが、何よりもすでに運動開始前から金属回収を行っていて、市民の手元にはもう銅製品が残っていなかったことが大きな原因のひとつだったのです。

一九四三年一月九日、汪兆銘が太平洋戦争への参戦を表明したことを受け、華北政務委員会は戦争協力強化の一環として、金属回収を再開し、北京でも八月二四日から第二次献銅運動が始まります。この運動では、国立故宮《こきゅう》博物院内にあった銅製品も回収の対象とされました。

国立故宮博物院は一九二五年一〇月一一日、清朝が遺《のこ》した歴史的文物（文化財）の収蔵と公開を目的に、旧清朝宮殿の紫禁城内に開設されます。一九三三年春、満洲国建国を果たした関東軍が熱河省に進攻し、河北省東部にまで戦火が及ぶと、故宮博物院は保管していた文物のうち、およそ四〇万点を列車や船で南京や上海など安全な場所に避難させます。そして、故宮博物院には、何らかの理由で持ち出せなかった美術品や書籍など一部文物のほか、消防用の水が溜められた銅缸《どうこう》（銅製の大甕《おおがめ》）や付属施設の国立歴史博物館にあった大砲など、屋外に置かれた巨大で搬出が困難な金属製文物が残りました。

故宮博物院は華北政務委員会に対し、歴史的価値のある缸や大砲を日本軍に供出せず、このまま保存するよう申し入れます。一方、北京市政府は前回に続き、第二次献銅運動でも銅製品の回収が目標に達していなかったことから、故宮博物院の一部金属製文物を回収の対象にするよう、華北政務委員会に要請しました。

これらの要求を受け、華北政務委員会は故宮博物院に調査員を派遣し、金属製文物の保存状況や製造年代を調査。その結果、製造年代のはっきりしていない銅缸が五四個あることがわかり、華北政務委員会は破損した銅缸と保存の必要がないとされた大砲とをあわせて、これらを日本軍に供出することを決定します。

金属製文物の回収作業は一九四四年六月一九日、故宮博物院の職員や献納委員会の関係者らが見守るなか、北支那方面軍の兵士によって行われます。重くて持ち上がらない銅缸はハンマーで粉々に壊され、運び出されました。また、北支那方面軍は、清朝の西太后《せいたいごう》が北洋《ほくよう》海軍の予算を流用して造ったといわれる北京郊外の頤和園《いわえん》にも侵入して、金属製の調度品を持ち出します。

それら金属製文物のごく一部は終戦後、天津の日本軍倉庫に残置されているのが発見されました。それ以外は回収後、どのようにされたのかは今でもわかっていません。

日中和平実現を目指したスチュアート工作

臨時政府および華北政務委員会は、成立以来、日本軍の傀儡政権として国民政府や共産党と対立してきました。しかし、王克敏や王揖唐ら一部の政権幹部は、そもそも中国の分裂を望まず、彼らなりに戦争の早期終結を模索していたのです。特に、王克敏は北支那方面軍司令官の多田駿《ただはやお》中将の依頼を受けて、密《ひそ》かに日中和平の実現に協力していました。

多田は永津佐比重と同じく、陸軍内の中国畑を歩んできた、いわゆる「支那通」軍人のひとりで、陸軍のなかで穏健派として知られた人物です。一九三八年一月、日本政府主要閣僚と軍部首脳が集まって開かれた大本営政府連絡会議では、出席者のほとんどが日中和平交渉のトラウトマン工作の打ち切りに同意したのに対し、多田のみが参謀本部の意見として交渉継続を支持するのです。

一九三九年九月、北支那方面軍司令官に着任した多田は、日中和平の実現を果たすため、燕京《えんきょう》大学学長のジョン・レイトン・スチュアートに着目し、彼を介して蔣介石と直接和平交渉、通称スチュアート工作を行おうと試みます。

スチュアートは一八七六年、アメリカ人キリスト教宣教師の子として杭州に生まれました。一九〇二年、アメリカで牧師の資格を得たスチュアートは、父親と同じく中国でキリスト教宣教師として活動。一九一九年、北京にキリスト教系の燕京大学が開設されると学長に就任し、中国での神学教育の普及に尽力します。また、フランクリン・ルーズベルト米大統領と親交のあったスチュアートは、中米両政府のパイプ役となり、蔣介石やその妻でアメリカ政界にも通じた宋美齢《そうびれい》の兄で国民政府欧米派の宋子文や孔祥熙《こうしょうき》、胡適《こてき》らと親しく交わっていたのです。

多田はスチュアートと連絡を取るため、彼と同郷の王克敏に仲介を依頼。王はスチュアートと古くからの知人で、燕京大学が創設された際、王は大学の財務問題の解決に協力していたのです。

林孟熹《りんもうき》によると、盧溝橋事件が勃発する前の一九三七年初頭、宋子文とスチュアートは日本軍が華北を占領した場合、王克敏が登場することをすでに予想していて、臨時政府成立後もスチュアートは王と関係を維持していたのです（『司徒雷登与中国政局』）。

一九四〇年二月一二日、王克敏はスチュアートと会い、蔣介石との直接和平交渉に協力するよう求めます。その際、王は日本側が中国に和平の条件として、反日活動を止めること、華北自治を認めること、日中経済提携を図ること、賠償を支払うことの四つを求め、これらが実現できれば国民政府の存続を認めるという旨をスチュアートに伝えます。

スチュアートは、キリスト教の人道主義の立場から和平交渉の役目を引き受けると、五月一日、重慶を訪問し、蔣介石夫妻・宋子文・孔祥熙らと意見を交換。和平の可能性を探りました。

しかし、スチュアートが和平交渉に関わっている最中に、南京で汪兆銘政権が成立。日中和平の望みは極めて少なくなったのです。その後も、スチュアートは北京と重慶を往復しながら蔣介石に和平交渉を打診します。

ところが、太平洋戦争で日本とアメリカが開戦すると、北京にいたスチュアートは、日本軍からスパイの容疑で拘束されてしまい、スチュアート工作も中止を余儀なくされたのです。

華北政務委員会、崩壊す

一九四三年二月八日、華北政務委員会の改組が行われ、第三代委員長に朱深が任命されます。朱深は東京帝国大学法学部出身で、一九一八年三月の段祺瑞内閣で司法部総長を務めた北京政府司法界の大物でした。しかし、朱は委員長就任からわずか五カ月足らずの七月二日、病を患いこの世を去ります。

朱深の死にともない、空席となった委員長には王克敏が再任。しかし、以前から隻眼《せきがん》の王は委員会の激務をこなすうち、徐々に視力のあったもう片方の目も見えなくなり、執務に支障をきたしてしまいます。結局、一九四五年二月八日、王克敏は王蔭泰に委員長の職を譲りました。

王蔭泰は一八八六年、浙江省紹興《しょうこう》県生まれ。一九〇六年に東京の第一高等学校卒業後渡独し、ベルリン大学法科に留学。一九一三年に帰国すると、北京政府国務院法制局で勤務するかたわら、北京大学法科講師や高等捕獲検察所判事などを務めます。一九二一年以降は張《ちょう》作霖《さくりん》の奉天軍閥と関わりを持ち、一九二七年六月に成立した奉天軍閥系の潘復《はんふく》内閣では、外務部総長や司法部総長を歴任します。張作霖死去後は上海で弁護士をしていましたが、旧知の王克敏が喜多の招きで北京に向かうとこれに従い、臨時政府設立に関わるのです。

王蔭泰が第五代委員長に就任したとき、日本ではミクロネシアのマリアナ基地から飛び立ってきたアメリカ陸軍のＢ29戦略爆撃機が東京・名古屋・大阪など主要都市を爆撃。罪のない多くの一般市民が犠牲となっていました。

太平洋戦線もフィリピンをはじめ、南方のほとんどの地域がアメリカ軍に攻略され、一九四五年三月には、小笠原《おがさわら》諸島の硫黄島《いおうとう》もアメリカが占領。日本の敗北は、すでに誰の目にも明らかになっていたのです。

中国戦線では、太平洋戦争の開戦と前後して、満洲駐屯の関東軍から多くの部隊が南方に転用され、華北でも北支那方面軍が一九四四年四月から一九四五年二月まで行われた大陸打《だ》通《つう》作戦（一号作戦）に動員されていました。

王蔭泰（『最新支那要人伝』）。

大陸打通作戦とは、南方との陸上交通の確保と、華中と華南にあったアメリカ軍飛行基地を撃滅するために計画されたものです。北支那方面軍を含む支那派遣軍約二〇個師団五〇万人の兵力が投入されます。しかし、アメリカ軍は国民政府の協力で日本軍占領地から離れた四川《しせん》省成都《せいと》に飛行基地を移し、大陸打通作戦を無意味なものとしたのです。

北支那方面軍のほとんどが抽出された華北では、華北綏靖軍が治安を維持しましたが、兵力や兵の質は北支那方面軍に到底及ばず、共産党の大規模反攻を招く結果をもたらします。

一九四五年八月九日、ソ連軍が満洲に進攻すると、共産党の各抗日根拠地は一斉に日本軍および傀儡政権に対する攻撃を開始。晋察冀辺区では、八路軍の察冀軍区部隊が八月一二日から作戦行動を起こし、北京郊外の長辛店《ちょうしんてん》・豊台・通州・順義《じゅんぎ》などを占拠して北京を包囲します。また、天津周辺も察冀軍区の部隊によって制圧されました。このほか、津浦《しんぽ》線・正太《しょうたい》線・同蒲《どうほ》線・北寧《ほくねい》線など、華北の主要鉄道路線も八路軍によってことごとく寸断されます。

このような状況では、華北政務委員会がこれ以上政権を維持することは困難でした。

一五日、王蔭泰は、北京の日本大使館を通じて、日本が連合軍に降伏したことを知ります。王はただちに華北政務委員会の全職員を集めて訓示を述べ、政権の解散を宣言。臨時政府成立から数えて約七年八カ月、冀東政権の成立まで含めると約九年九カ月にわたる華北傀儡政権の命運はここに尽きたのです。

北平治安維持会の主要人物と役職（1937年8月）

役　　職	人　　物
会　　長	江朝宗
常務委員	冷家驥、呂均、鄒泉蓀 周履安、梁阿、潘毓桂 周肇祥
北平市長	江朝宗
秘書長	李景銘
公安局長	潘毓桂
社会局長	李景銘
財政局長	惲宝恵
工務局長	李季恩

天津市治安維持会の主要人物と役職（1937年8月）

役　　職	人　　物
委員長	高凌霨
委　　員	鈕伝善、劉玉書、沈同午 孫潤宇、王竹林、趙聘卿 王暁岩、邸玉堂、方若、張志徴
秘書長	劉紹琨
総務局長	孫潤宇
財政局長	張志徴
社会局長	鈕伝善
教育局長	沈同午
公安局長	劉玉書
衛生局長	侯毓汶
長蘆塩務管理局長	王竹林
商品検験局長	呉季光

出典：郭卿友主編『中華民国時期軍政職官誌　下』（甘粛人民出版社、1990年）、1877頁をもとに筆者作成。

河南省自治政府の主要人物と役職（1937年11月）

役　職	人　物
主　席	蕭瑞臣
秘書長	胡光
民政庁長	郭殿挙
財政庁長	于継昌
教育庁長	呂東荃
建設庁長	林郁文
警務庁長	王錫良

出典：郭卿友主編『中華民国時期軍政職官誌　下』（甘粛人民出版社、1990年）、1877頁をもとに筆者作成。

中華民国臨時政府の主要人物と役職（1938年）

役　職	人　物
行政委員長	王克敏
議政委員長	湯爾和
議政委員	王克敏、朱深、董康、王揖唐 斉燮元、江朝宗、高凌霨
司法委員長	董康
内政部総長	王揖唐
財政部総長	汪時璟
治安部総長	斉燮元
教育部総長	湯爾和
実業部総長	王蔭泰
賑済委員長	王揖唐
防疫委員長	王揖唐
建設総署督辦	殷同

出典：郭卿友主編『中華民国時期軍政職官誌　下』（甘粛人民出版社、1990年）、1878～1879頁をもとに筆者作成。

華北政務委員会の主要人物と役職（1944年4月）

役　　職	人　　物
委員長	王克敏
総務庁長	王蔭泰
内務庁長	王蔭泰
財務庁長	張仲直
綏靖総署督辦	杜錫鈞
経済総署督辦	汪時璟
農務総署督辦	王蔭泰
教育総署督辦	王謨
工務総署督辦	蘇体仁
華北綏靖軍総司令	杜錫鈞

出典：郭卿友主編『中華民国時期軍政職官誌　下』（甘粛人民出版社、1990年）、1885〜1886頁をもとに筆者作成。

中華民国臨時政府組織図（1939年4月）

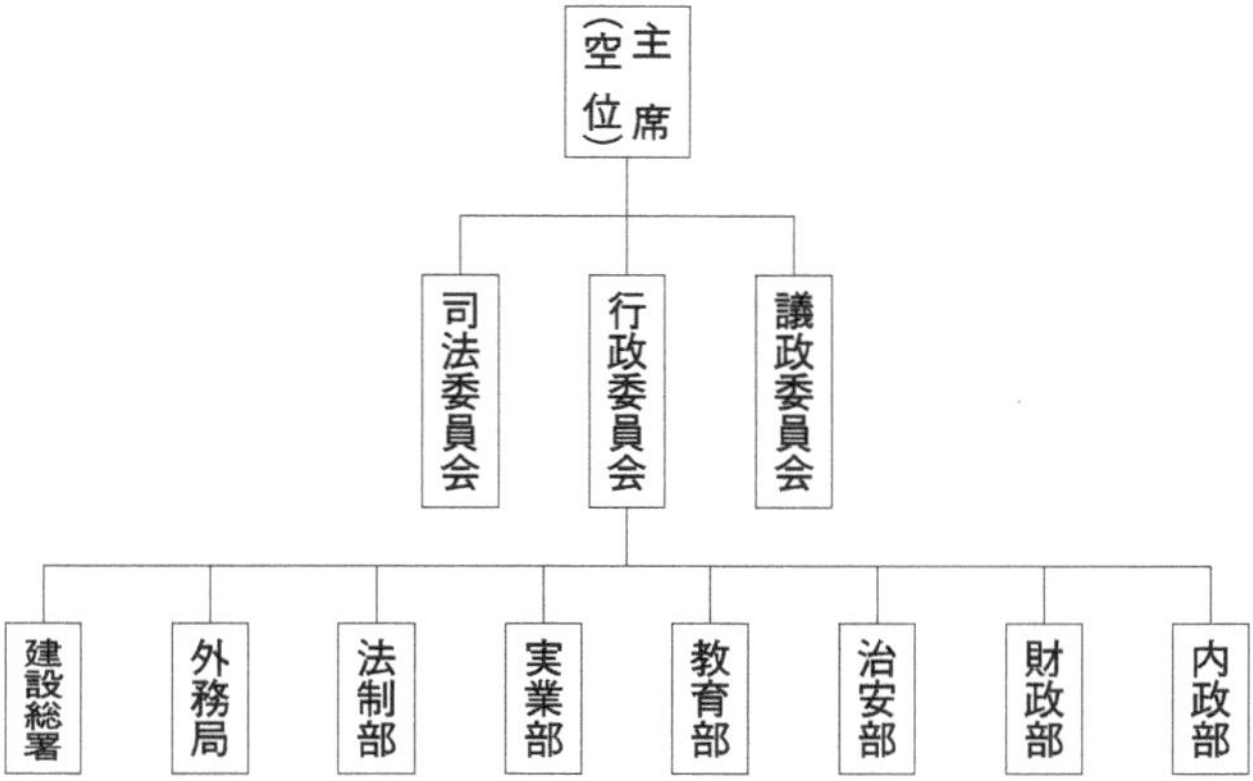

出典：中国国民党中央委員会党史委員会編『中華民国重要史料初編―対日抗戦時期　第六編　傀儡組織（三）』（中国国民党中央委員会党史委員会、1981年）、127頁をもとに筆者作成。

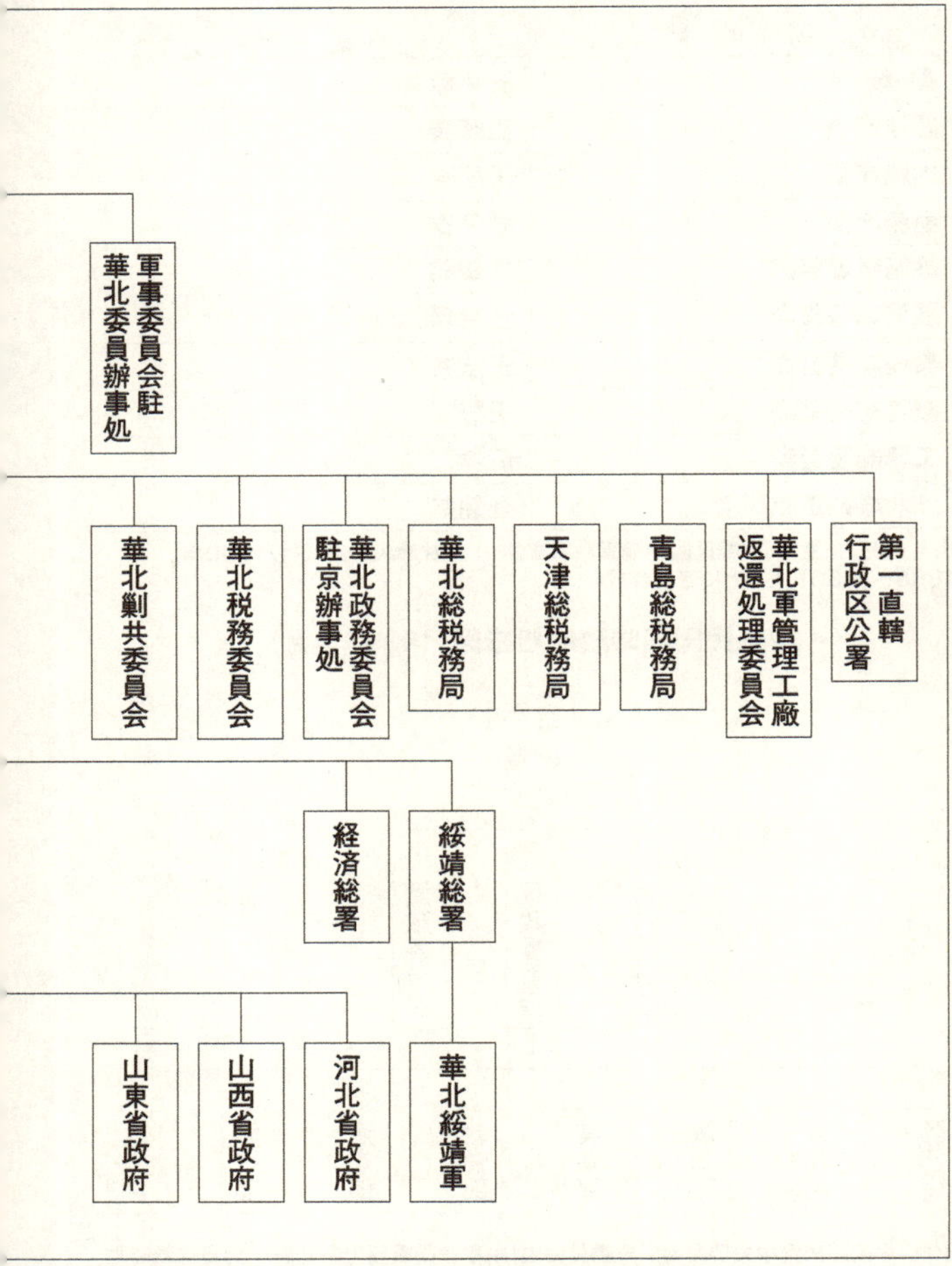

（社会科学文献出版社、2007年）、569頁をもとに筆者作成。

華北政務委員会組織図（1944年4月）

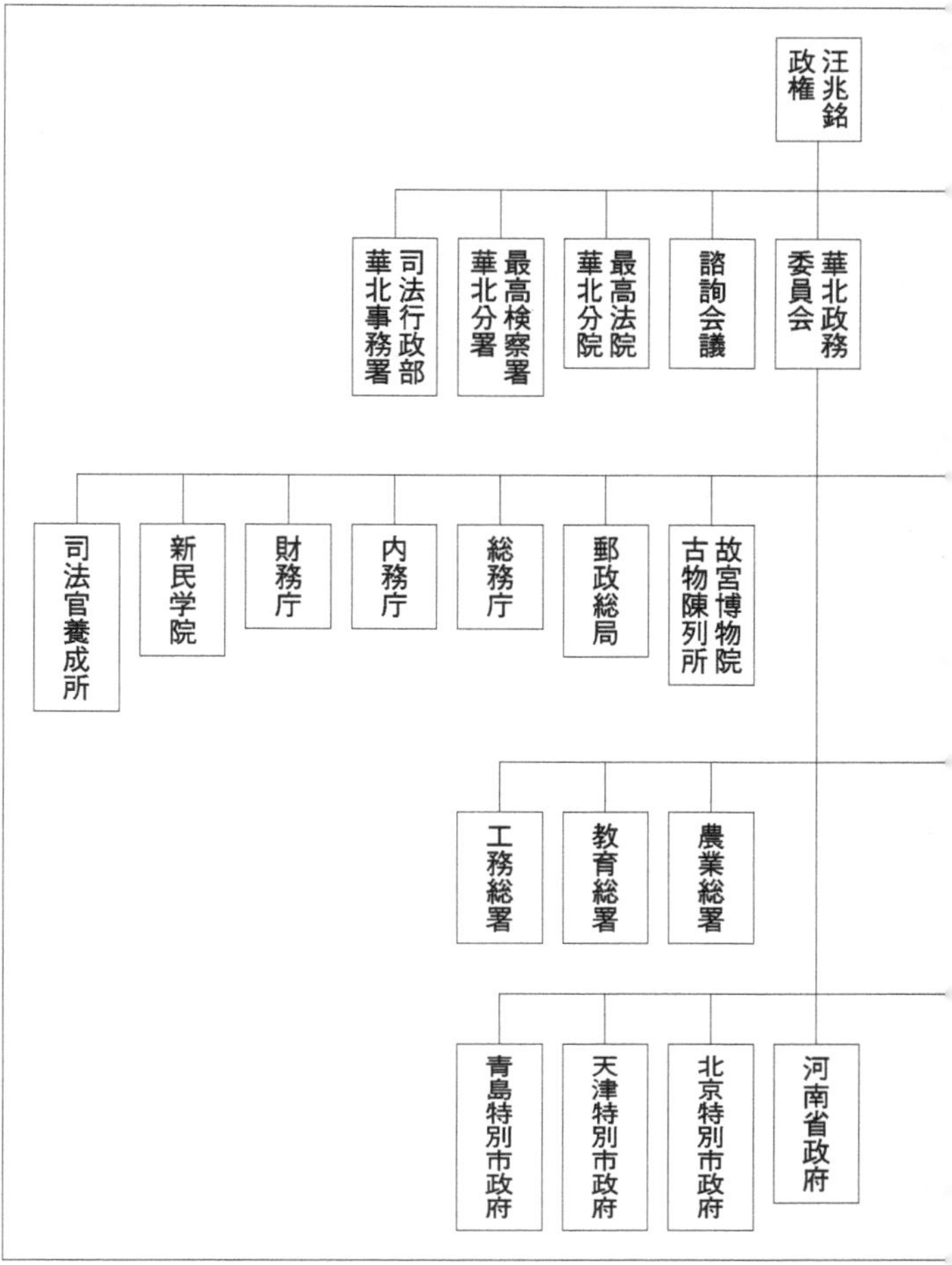

出典：郭貴儒・張同楽・封漢章『華北偽政権史稿—従“臨時政府”到“華北政務委員会”』

第三章　中華民国維新政府

中華民国維新政府（1938年）

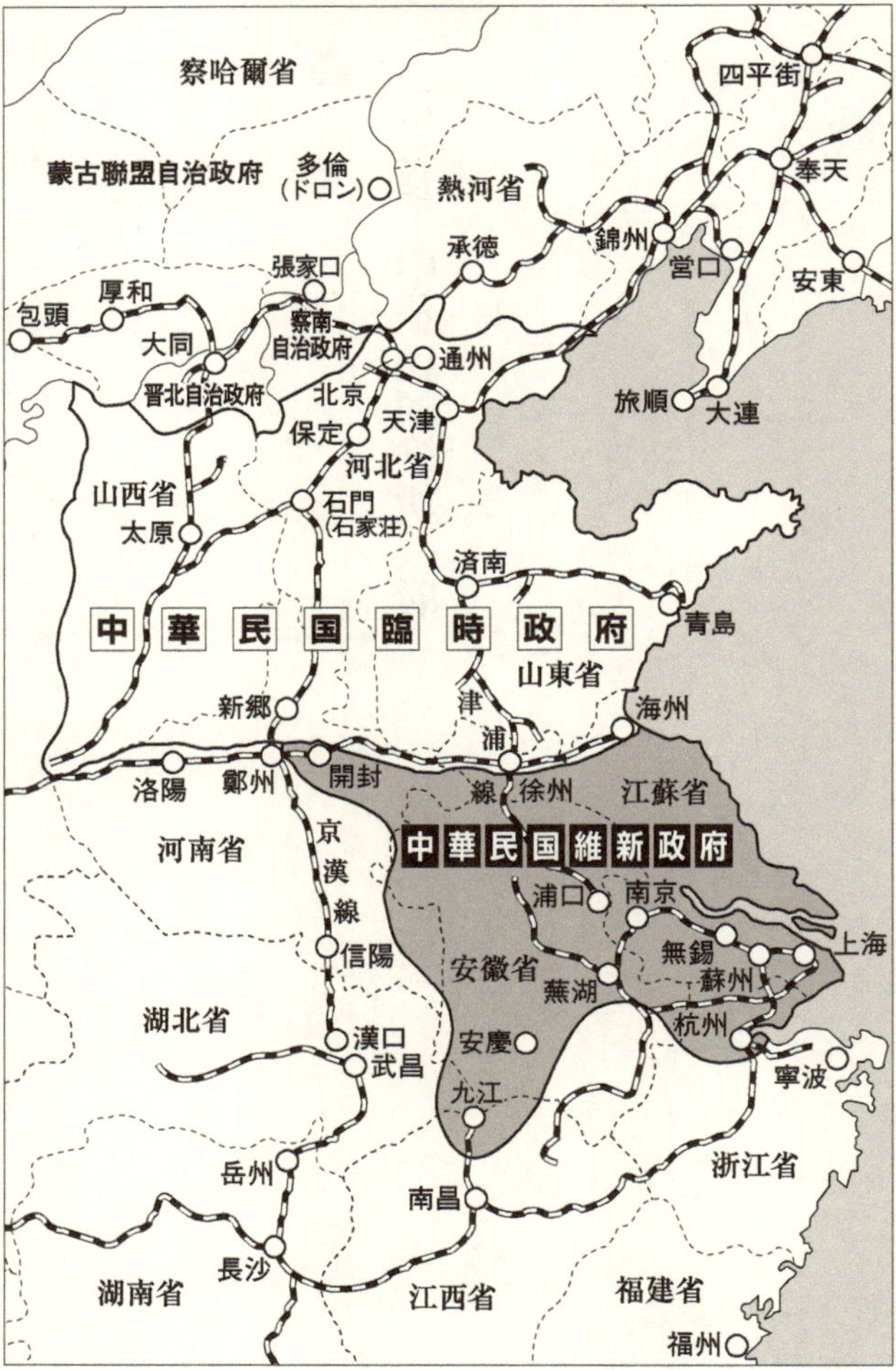

中国傀儡政権地域別系統図

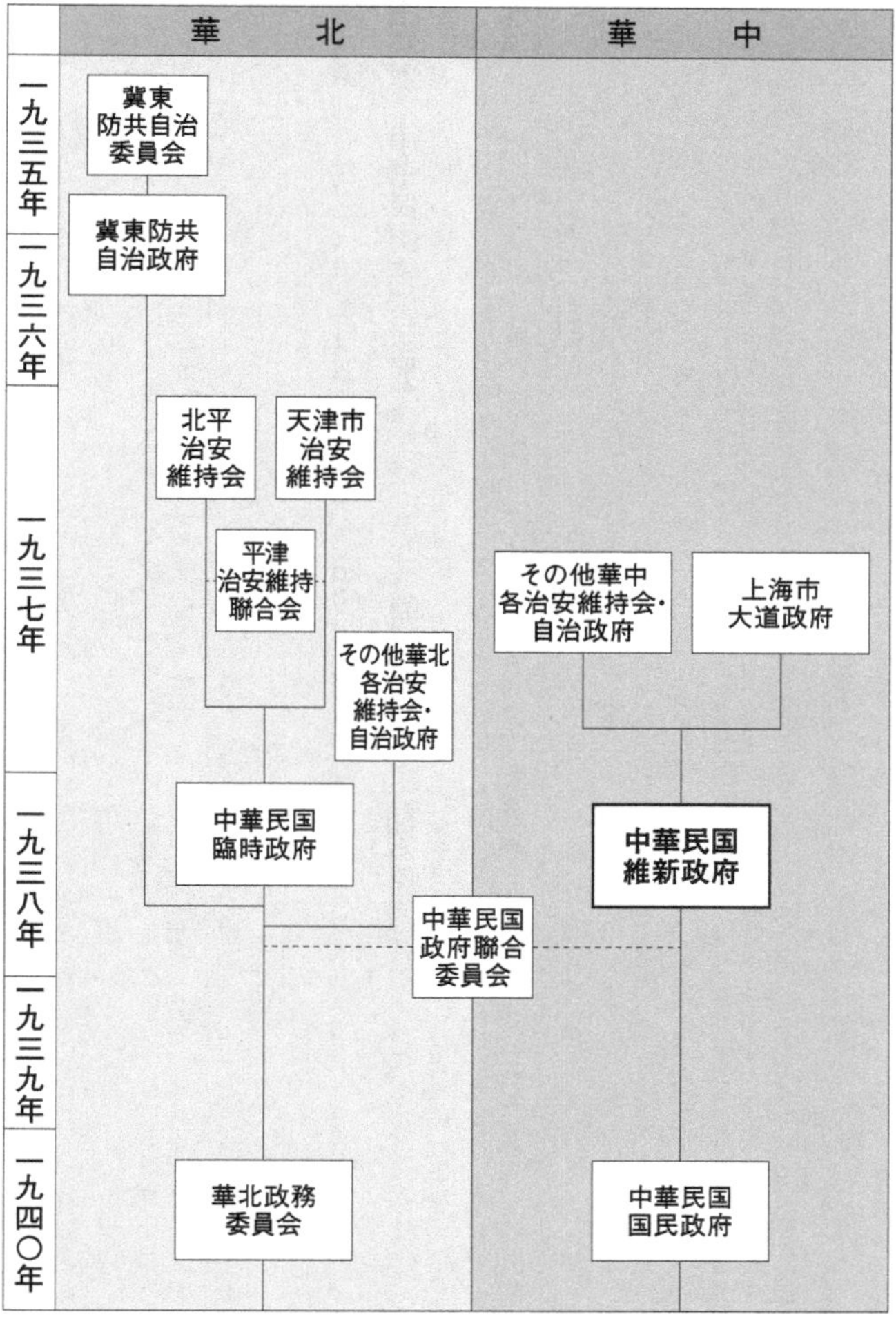

存続期間　一九三八年三月二八日―一九四〇年三月三〇日
政権変遷　中華民国維新政府（一九三八年三月二八日―一九四〇年三月三〇日）
首　都　南京《ナンキン》
指導者　梁鴻志《りょうこうし》・温宗堯《おんそうぎょう》・陳群《ちんぐん》（ともに議政委員会常務委員、一九三八年三月二八日―一九四〇年三月三〇日）

日中全面戦争と「南京大虐殺」

一九三七年八月一三日に第二次上海《シャンハイ》事変が勃発《ぼっぱつ》し、華北の局地戦として始まった日中戦争は、華中にまで戦線が拡がります。このような状況のもと、日本軍は華北に続き、新たに獲得した華中占領地にも傀儡《かいらい》政権を樹立します。はじめに、第二次上海事変の勃発から南京陥落までの経緯を簡単にみていきましょう。

盧溝橋事件勃発からおよそ一カ月後の八月九日夜、上海虹橋《ホンチアオ》飛行場近くで日本海軍上海特別陸戦隊の大山勇夫《おおやまいさお》海軍中尉らが警備にあたっていた保安隊に射殺されます（大山事件）。上海は第一次上海事変後の一九三二年五月に成立した上海停戦協定で国民革命軍の駐屯が禁じられていて、同軍の代わりに保安隊が上海市内の治安維持を担っていたのです。

一〇日、日本側は、国民政府に大山事件の責任があるとして、保安隊の上海からの撤退を要求します。しかし、国民政府はそれを拒絶し、逆に事態の悪化に備えるとして、上海周辺に防衛線を構築。さらに、蔣介石《しょうかいせき》は安徽《あんき》省蚌埠《ぼうふ》駐屯の第五六師、湖北《こほく》省漢口《かんこう》駐屯の第一八師、浙江《せっこう》省嘉興《かこう》の第五七師を上海付近に集結させ防備を強化します。その結果、一二日までに上海周辺の国民革命軍の総数はおよそ五万人に達しました。

日本軍は伝統的に長江《ちょうこう》以北を陸軍、長江以南を海軍の「縄張り」とみなしていました。一〇日、米内光政《よないみつまさ》海相は、速やかな事態収拾を図るため、杉山元《すぎやまはじめ》陸相に居留民保護を名目とする陸軍部隊の派兵を要請。陸軍は一一日、慎重な協議の末、紛争が拡大しないよう最小限度の兵力を派遣することに同意し、一三日の閣議でこれが了承されます。

同日、上海市内で日中両軍が交戦を開始（第二次上海事変）。この事態を受けて、参謀本部は一五日、松井石根《まついいわね》陸軍大将を司令官とする上海派遣軍を編成し、上海に急派します。さらに、一七日、日本政府は閣議で盧溝橋《ろこうきょう》事件発生以来堅持していた不拡大方針を事実上放棄し、以後戦時態勢上必要な諸準備と対策を講じていくことを決定しました。

長江の河口部にある上海は、クリークと呼ばれる水路が縦横に張り巡らされていて、行軍の妨げとなっていました。また、上海には、中華民国ドイツ軍事顧問団が率いる精鋭部隊も配備され、さらに、日本軍の進攻に備えるため、事前にトーチカが各所に建設されていました。

二三日、上海北岸に強行上陸した上海派遣軍は、国民革命軍の第九・第一五・第一九集団軍などの迎撃を受け、九月下旬までに上海派遣軍側へおよそ一万人余りの死傷者を出します。激しく抵抗する国民革命軍を撃退するため、一一月五日、参謀本部は第一〇軍を杭州湾《こうしゅうわん》に上陸させて国民革命軍の背後を襲い撃退するのです。

七日、上海派遣軍と第一〇軍は、新設された中支那《なかしな》方面軍の隷下に編入されます。方面軍は、国民政府を屈服させるため、その首都である南京の攻略を目指します。参謀本部は当初、

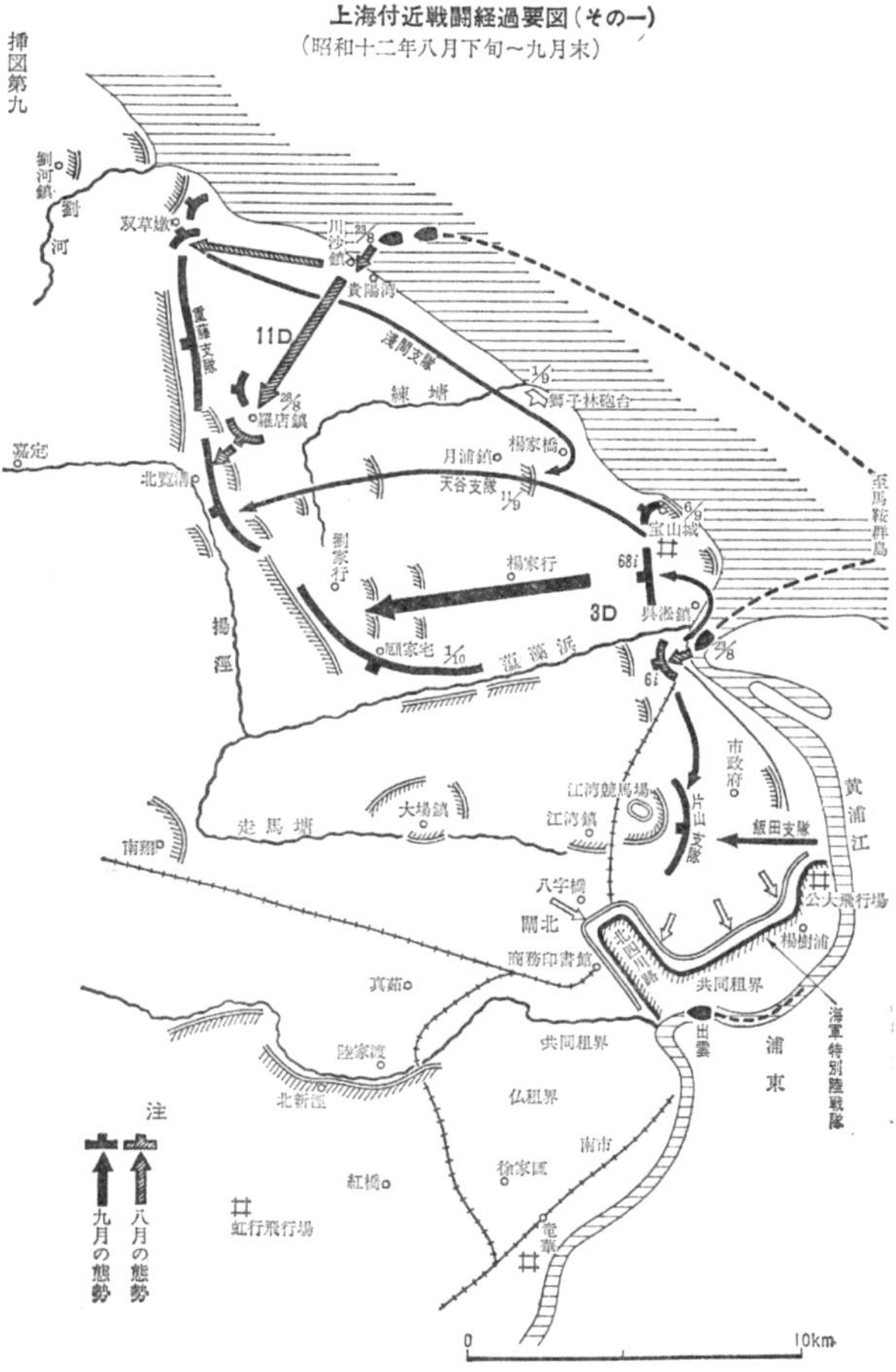

第二次上海事変戦闘経過図（『支那事変陸軍作戦〈1〉』）。

方面軍が南京を攻略することを認めていませんでした。しかし、一一月二八日、下村定《しもむらさだむ》作戦部長が事態不拡大派の多田《ただ》参謀次長を説得し、南京攻略を容認させます。

中支那方面軍が上海方面から徐々に南京に迫ると、蔣介石は首都移転の準備を進め、一一月二六日、陸軍上将の唐生智《とうせいち》を首都衛戍《えいじゅ》司令長官に任じ、二個師・一個教導総隊・憲兵二個団を率いて南京を防衛するよう命令します。

南京市長の馬超俊《ばちょうしゅん》は一二月一日、南京城内の漢中路《かんちゅうろ》・中山北路《ちゅうざんほくろ》・山西路《さんせいろ》・西康路《せいこうろ》で区切られたおよそ二平方マイルの一帯を安全区に指定し、ドイツ人医師ジョン・ラーベを委員長とする国際安全区委員会の管理のもと、避難民を収容しました。

一二月三日、南京の近くまで攻め上がった中支那方面軍は、上海派遣軍所属の第九師団と第一六師団を南京城に向けて進撃させます。これと同時に、方面軍は、南京周辺を制圧するため、第一一師団から抽出された天谷《あまや》支隊に南京の西にある鎮江《ちんこう》の攻略を命じ、四日には第一三師団に江陰《こういん》から鎮江を渡河して対岸の靖江《せいこう》を占領するよう指示しました。

一方、一〇日、第一〇軍所属の第一八師団は南京南西の蕪湖《ぶこ》を占領。軍主力は上海派遣軍の部隊と連繫《れんけい》して南京城への総攻撃を開始します。南京は周囲を二〇メートル以上の城壁が覆い、防衛線となっていた紫金山《しきんざん》や雨花台《うかだい》にはトーチカや鉄条網が張り巡らされていました。

高い城壁と分厚い城門を前に、上海派遣軍と第一〇軍は榴弾砲《りゅうだんほう》による集中砲火と歩兵によ

南京中華門から城内へ進撃する日本軍戦車部隊（『写真週報』第123号、1940年7月）。

1937年12月19日、崩壊した南京中山門から城内に入る日本軍部隊（『写真週報』第123号、1940年7月）。

る突撃を繰り返し、一三日までに南京を占領します。同日、唐生智が南京から撤退の命令を出すと、敗残兵は長江を渡って対岸に逃れるため、南京城の北西にある下関《シャーカン》の船着場に殺到し、我先に船を奪い合いました。また、一部兵士は、南京城内で一般市民の服を奪って便衣兵となり、安全区内に逃げ込んだのです。

便衣兵をそのまま放置すると、南京の治安確保が難しくなるため、中支那方面軍は占領翌日の一四日から、便衣兵摘発を目的とした徹底的な治安粛清戦を実施します。その際、便衣兵と間違って多くの民間人の男性も拘束し、処刑してしまったのです。

いわゆる「南京大虐殺」とは、南京総攻撃から治安粛清戦までの一連の戦闘のなかで起きた、民間人に対する日本軍の不法行為をいいます。事件の被害者数については、現在中国側は三〇万人以上と結論づけているのに対し、日本側は研究者によって数万人から四〇万人と主張が分かれています。

また、当時秘密裏に国民政府と通じていた外国人ジャーナリストが、日本軍の残虐性を世界に知らしめるため、「南京大虐殺」を誇大に報じたり、戦前戦後を通じて、虐殺をめぐる実証性の乏しい史料や証言が発表されたりしたため、その真相が一層不明確となってしまっています。

小さな傀儡政権、治安維持会と自治委員会

第二次上海事変後、長江下流域に日本軍占領地が拡がると、中支那方面軍は一九三七年一一月二七日、軍特務部総務班に宣撫《せんぶ》班を設置し、占領地住民に対する親日化のための宣伝工作や教化活動を始めました。

また、それらの活動とは別に、宣撫班は特務機関とともに、占領地の治安回復を名目にして、親日的な中国人を使って治安維持会や自治委員会といった小さな傀儡政権を次々と樹立。その数は、一九三八年三月末までに、少なくとも四二個にのぼりました。ここでは宣撫班の報告（『華中宣撫工作資料』）をもとにそれら政権の成立過程をいくつかみていきましょう。

なお、治安維持会と自治委員会の間に明確な区別があったのかは不明ですが、はじめに治安維持会が成立し、治安が確立された後、組織が拡大されて自治委員会に改組されるケースが多くみられました。

南京市自治委員会

中支那方面軍が南京を占領したとき、城内の安全区には、およそ二〇万人の難民が収容されていました。宣撫班は、難民がそのまま安全区に留まることで、彼らが安全区を取り仕切る欧米の影響を受けるのではないかと危惧します。そこで、一九三八年一月一日、宣撫班は、

南京 紅卍会《こうまんじ》会長の陶錫三《とうしやくさん》を委員長とする南京市自治委員会を新たに発足させ、国際委員会に代わって避難民を管理します。

南京市自治委員会は成立宣言のなかで、国民党の一党専制の排除・東洋平和の確立を目的とした各地親日団体との協力・防共政策の実行・産業振興と民衆福祉の増進・民衆自治の徹底を目標に掲げ、難民問題・死体処理・南京城内の清掃を行うことを当面の任務とします。また、避難民の収容と治安維持を図るため、一月一〇日、旧首都警察庁舎に南京市警察処を設け、敗残兵の捕獲や抗日団体の摘発に努めたのです。

杭州自治委員会

浙江省杭州市は戦火をあまり受けることなく、一九三七年一二月二四日、日本軍によって占領されました。日本軍は杭州の治安を維持するため、一九三八年一月一日、市内に留まっていた杭州市商会の関係者を集めて杭州市治安維持会を設立します。同会は秘書処・総務・警備・財務・徴集・救済・建設・宣伝の各科を設け、特務機関の指導のもと、日本軍や住民に提供する食料品の調達や市内の警備、ならびに避難民の収容にあたりました。

その後、治安が安定してきたことから、三月一日、杭州市治安維持会は杭州自治委員会に改組され、市内外を一三の区に分けて、それぞれで防共宣伝の徹底・商工業の復旧・日本語教育の普及などを行いました。

太倉《たいそう》県自治委員会

上海に程近い江蘇《こうそ》省太倉県は日本軍占領後、戦火に加えて住民による放火や掠奪が相次いだため荒廃。宣撫班は一二月下旬から城外に避難した太倉住民の帰還作業を始めます。しかし、家や家財道具をすべて失った住民は、太倉に戻ることなく、周辺の集落から出ようとはしませんでした。その結果、日本軍占領前と比較して、太倉の人口は減少したのに対し、周辺の集落の人口は避難民の流入で増加。宣撫班は、太倉の混乱を鎮めるため、まず各集落に班員を派遣して治安維持会を作らせます。そして、一九三八年一月一日に太倉城区治安維持会を発足させると、各集落の治安維持会をそこに合流させせました。

その後も、太倉周辺で新たな治安維持会がいくつも成立したことから、太倉城区治安維持会は三月一三日、太倉県自治委員会に改組し、それら治安維持会を取り込みました。太倉県自治委員会は、もともと一月下旬頃に成立する予定でしたが、政権を任せられる実力者が太倉にいなかったため遅くなったのです。

丹陽《たんよう》自治委員会

京滬《けいこ》鉄道（南京―上海）沿線にある江蘇省丹陽県は、太倉と同じく戦火と住民による放火と掠奪により、都市のほとんどが灰燼《かいじん》と化しました。そのうえ、避難民が丹陽周辺にあふれたことから、宣撫班は一九三八年二月一日、丹陽城内に丹陽自治委員会を設立し、避難民の収容や宣撫宣伝活動、道路の修築や物資需給の調整などを担当させました。

嘉定《かてい》自治委員会

上海と太倉の中間に位置する嘉定県では、宣撫班が到着する以前に、日本軍駐屯部隊によって嘉定治安維持会が発足、避難先から戻ってきた住民に「良民証」を発行したり、食料を支給したりして不安の緩和に努めます。しかし、嘉定治安維持会は運営が杜撰《ずさん》で、かつ幹部の一部に人格的に問題のある人物が交じっていたため、一九三七年一二月、嘉定に入った宣撫班は治安維持会の改組に着手し、一九三八年二月、新たに嘉定自治委員会を成立させました。

嘉定自治委員会は、治安を回復させるため、銃火器を使って抗日団体や敗残兵の討伐を積極的に行う一方、小学校に通う子どもたちに日本語を学ばせたり、宣撫工作に関わるなどして、日本軍の占領統治に協力することになります。

上海市大道《だいどう》政府

以上の自治委員会とともに、宣撫班は上海にも上海市大道政府という小さな組織を設けましたが、実は、この政権はほかとは異なる独特の宗教的性格を持っていたのです。

一九三七年一二月五日、中支那方面軍宣撫班長を務めていた西村展蔵《にしむらてんぞう》は、早稲田大学出身で元福建《ふっけん》省政府財政庁長の蘇錫文《そしゃくぶん》らとともに、上海の浦東《ほとう》に上海市大道政府を成立させました。

一八八九年、熊本県に生まれた西村は、一九二九年、友清歓真《ともきよよしさね》が創設した神道系宗教団体の神道天行居《しんどうてんこうきょ》に入信し、そこで教えのひとつとされた天下一家《てんかいっか》思想に大きな影響を受けます。

天下一家思想とは、この世に存在するありとあらゆるものはすべて唯一神が創造したものであり、すべての生命も唯一神の下では一体で、天下もひとつの家とみなすことができるという教えでした。西村はこの思想を政権の理念とし、名称にそれを示す「大道」ということばを加えたのです。また、西村は政府の旗にも天下一家思想を反映させるため、宇宙の根源を表現した黄色地に赤と緑色で配された太極の図を採用しました。

大道政府は、社会・財政・警察・交通・教育・衛生・土地の七局と秘書・粛検・特区辦事《べんじ》の三処からなり、上海市内と郊外を一四の区に分けて管轄しました。しかし、実際に大道政

華中主要治安維持会・自治委員会一覧(維新政府成立以前)

成立地	成立組織	成立年月日
宝山	自治委員会	1937年9月23日
無錫	同上	11月14日
呉興	同上	12月1日
蘇州	同上	同上
月浦鎮	同上	12月13日
楊行鎮	同上	同上
崑山	同上	12月15日
常州	同上	12月29日
南京	同上	1938年1月1日
太倉	同上	同上
滁県	治安維持会	1月8日
上海南市	自治委員会	1月11日
川沙	同上	1月13日
南潯	治安維持会	1月15日
常熟	自治委員会	1月23日
鴨窩沙	同上	1月25日
丹陽	同上	2月1日
嘉定	同上	2月2日
蕪湖	中央治安維持会	2月5日
鎮江	自治委員会	2月10日
呉江	同上	2月11日
青浦	同上	2月15日
松江	同上	同上
太平	自治委員会	2月中旬
淳化	同上	2月19日
索野	同上	同上

成　立　地	成　立　組　織	成立年月日
九　華	同　上	同　上
東　山	同　上	同　上
清　竉	同　上	同　上
京　令	同　上	同　上
湖　熟	同　上	同　上
襲　都	同　上	同　上
真　茹	自治連合会	2月20日
崇　徳	治安維持会	2月25日
杭　州	自治委員会	3月1日
上海滬西第一区	同　上	3月7日
南　匯	同　上	3月14日
滬西総会	自治総会	3月23日
崇　明	自治委員会	3月27日
楊　州	同　上	同　上

出典：維新政府概史編纂委員会編『維新政府概史』
(南京特別市行政院宣伝部、1940年)、4頁をもとに筆者作成。
本文中の記載と異なる個所があるが、そのままとした。

府が統括できたのは、浦東と呼ばれた上海東部の一角だけでした。

二転三転した中華民国維新政府の設立

ここまでに取り上げた治安維持会と自治委員会、ならびに大道政府は最終的に中華民国維新政府によってひとつにまとめられました。では、維新政府はいったいどのように成立したのでしょうか。

一九三七年一二月、日本政府は、駐華ドイツ大使トラウトマンを介した国民政府との和平交渉が不調に終わると、翌一九三八年一月一六日、第一次近衛声明を発し、国民政府との関係を断絶。このとき、華中の日本軍占領地をどう統治するかという問題については、一九三七年一二月二四日に閣議決定した「支那事変対処要綱（甲）」で、中華民国臨時政府と繋《つな》がりのある新政権の樹立を考慮するも、当分の間は現地の治安維持会や自治委員会に治安維持を任せると定めていました。しかし、現地では、中支那方面軍特務部長の原田熊吉《はらだくまきち》少将や、上海派遣軍附特務部総務班長の楠本実隆《くすもとさねたか》大佐を中心に、華中新政権の樹立を目指す動きが始まっていたのです。

一月二七日に現地で作成された「中支政務指導方案」によると、華中新政権は日本と高度な連携を保ち、臨時政府とも円満な関係を維持したうえで、日本人顧問の指導のもと、行政や財政、治安維持などを行うとされました。また、同じく作成された「中支新政権樹立方案」では、新政権の名称は「華中臨時政府」、新政権の所在地ははじめに上海に置き、将来的に南京に移るとあり、さらに、国旗は臨時政府と同じ五色旗にすると想定されていました。これを見ると、中支那方面軍は華中に傀儡政権を作る意思がはっきりとあったことがわかります。

しかし、華中新政権の具体的性格をめぐる問題については、中支那方面軍のなかでも意見が対立します。原田と楠本は華中新政権を省政府のような限定的な権力しかない一地方政権としようとしたのに対し、松井石根方面軍司令官は華中新政権を中央政府として育成しようと考えていました。そして、松井は支那通として知られていた臼田《うすだ》寛三《かんぞう》大佐に臼田機関を作らせ、原田と楠本とは別に華中新政権樹立工作を進めるよう指示します。

臼田は政権にとってもっとも重要な指導者の候補に唐紹儀《とうしょうぎ》の名を挙げました。唐は一八六〇年、孫文《そんぶん》と同じ広東《カントン》省香山《こうざん》県生まれ。アメリカのコロンビア大学留学後、天津《てんしん》税務衙門《がもん》官吏や駐扎《ちゅうさつ》朝鮮総理交渉通商大臣などをへて、袁世凱《えんせいがい》の側近として清《しん》朝政府内で出世を果たします。

しかし、一九一一年に辛亥《しんがい》革命が起こると、唐は孫文にも近づき、一九一二年三月、中華民国の初代国務総理に就任。その後も唐は孫文に従い、護法《ごほう》軍政府財政部長や南北和議の広東軍政府代表を務め、孫文の死後は国民政府の反蔣派のひとりとして、広州《こうしゅう》国民政府常務委員や西南政務委員会常務委員などに任命されました。

臼田は、変節の多い唐紹儀であれば、日本側にも与《くみ》するであろうと読んでいました。しかし、結局臼田は唐の誘い出しに失敗。その後、直隷《ちょくれい》軍閥の重鎮だった呉佩孚《ごはいふ》の担ぎ出しにも失敗し、最後に梁鴻志・温宗堯・陳群の三人に望みを託しました。彼らの経歴もみてみましょう。

一八八二年、福建省長楽《ちょうらく》県に生まれた梁鴻志は、幼い頃長崎領事代理を務めた父に従っ

左：原田熊吉中支那方面軍特務部長（『維新政府概史』）。維新政府が成立すると最高顧問に就任した。右：梁鴻志（『維新政府概史』）。

て数年間日本で暮らしました。一九〇八年、京《けい》師《し》大学堂《たいがくどう》（現在の北京《ペキン》大学）卒業後、奉天《ほうてん》優級師範学堂教師などをへて、清朝政府に出仕。その後、段祺瑞《だんきずい》を支持する安福倶楽部《あんぷくくらぶ》に入ります。一九二〇年七月、安直《あんちょく》戦争で段祺瑞が敗れると、梁鴻志は逮捕令から免れるため、北京の日本公使館に逃げ込みました。それから四年後の一九二四年一一月に段が臨時執政となりふたたび権力を握ると、梁は執政府秘書長として段を補佐しましたが、一九二六年四月、段が臨時執政の座を追われると梁も下野し、以後政界から離れました。

　温宗堯は一八六七年、広東省生まれ。六歳で香港官立中央書院に入学し、その後アメリカに留学をします。一八九五年に孫文の興中会《こうちゅう》に加入した温は、辛亥革命で湖北軍政府外務次長、

左：陳群（『維新政府概史』）。右：温宗堯（『維新政府概史』）。

中華民国成立後は上海通商交渉使などを務めました。さらに元両広総督の岑春煊《しんしゅんけん》とともに上海で国民公会を組織し、その副会長に就任。その後、国民党員となった温は一九二〇年五月、広東軍政府政務総裁となりますが、まもなくその地位を退き、以後、政界の一線から離れました。

陳群は一八九〇年、福建省閩侯《びんこう》県に生まれ、日本に留学して明治大学と東洋大学で学んだあと、一九二四年六月、蔣介石が創設した黄埔《こうほ》軍官学校の政治教官を務めます。さらに、一九二六年に北伐戦争が始まると、陳群は東路軍前敵総指揮部政治部主任として参加し、中国統一後は、国民政府内政部政務次長や首都警察庁長などを歴任しました。

梁と温はすでに中国政界を退いてから久しく、陳群は国民政府の中堅幹部に過ぎず、いずれも政権の指導者としては力不足の感がありました。しかし、政権設立に前向きな三人は松井司令官を訪ね、日本側に協力することを表明します。そして、三人は臼田とともに政権設立に向けた準備を始めました。

当初、三人は政権の名を「中華民国新政府」にするよう日本側に求めていました。しかし、外務・陸・海三省の協議の結果、将来華中新政権が華北の臨時政府と合流して新中央政府を作る場合、「中華民国新政府」では臨時政府側の反発を受ける恐れがあるとして却下されます。その後、政権名称問題は、華中新政府を一地方政権としたかった日本政府と、中央政府として設立させたかった現地軍と梁鴻志らとの間で意見が二転三転し、最終的に日中双方の主張を折衷した形で、中国の維新をなすという意味の「中華民国維新政府」に決定しました。

維新政府はもともと三月一六日に成立する予定でしたが、政権名称問題などで準備が遅れ、結局、三月二八日に発足。当日、新首都南京で挙行された政府成立大典礼では、国歌に制定された卿雲歌《きょううんか》が流れるなか、梁鴻志自ら国旗の五色旗を掲揚し、政権成立を祝いました。

「ホテル政府」と揶揄される

政権発足と同時に発表された「維新政府政綱十ヵ条」では、三権分立の憲政制度の確立と一党独裁の取り消し・共産主義の排撃・日満華提携・避難民の帰還・農工業の振興と外国資

壇上で維新政府成立宣言を読み上げる梁鴻志（『維新政府概史』）。

自らの手で五色旗を掲揚する梁鴻志（『維新政府概史』）。

本の導入などが謳《うた》われています。また、懸案となっていた臨時政府との関係については、「維新政府成立宣言」で、現在寸断されている津浦線《しんぽ》と隴海線《ろうかい》が将来復旧したら、臨時政府と合併すると発表しました。なお、この成立宣言は、政権発足直前の三月二四日、日本政府が臨時政府を中央政府とみなして、一地方政権の維新政府と合併統一させる方針を閣議決定したことを受けて作成されたものです。

維新政府の統治機構はどのようになっていたのでしょうか。維新政府は梁鴻志・温宗堯・陳群の三人らを常務委員とする議政委員会を中心に、行政院（院長梁鴻志）・立法院（院長温宗堯）・司法院で構成。実際の政権運営については、原田熊吉を最高顧問とする顧問部が内面指導という名目で実権を握ります。また、維新政府はもともと政権の指導者として主席のポストを設置し、そこに唐紹儀を迎えるつもりでしたが、唐がその要請を拒んだため、当分の間空席としました。

最高行政機関の行政院には外交（部長〔以下同〕陳籙《ちんろく》）・内政（陳群）・財政（陳錦濤《ちんきんとう》）・綏靖《すいせい》（任援道《にんえんどう》）・教育（陳則民《ちんそくみん》）・実業（王子恵《おうしけい》）・交通（梁鴻志）の七部と一秘書庁（秘書長呉用威《ごようい》）、最高立法機関の立法院には法制（委員長〔以下同〕潘承鍔《はんしょうがく》）・外交（陳子棠《ちんしとう》）・財政（楊景斌《ようけいひん》）・経済（張韜《ちょうとう》）・治安（黄士龍《こうしりゅう》）の五委員会と一秘書庁（秘書長葉先圻《ようせんき》）がそれぞれ設けられました。司法院は設置を予定したのみで、実際には一部局の司法行政部（許修直《きよしゆうちょく》）だけが行政委員の管下に置かれただけでした。

なお、政権の首都は南京でしたが、その準備が整うまでの間、梁鴻志らは上海の新亜《しんあ》ホテル内で政務を実施。そのため、維新政府は人々から「ホテル政府」（飯店政府）と揶揄《やゆ》されるのです。

一方、地方機構をみると、維新政府が領域とした地域は長江下流域の江蘇・浙江・安徽の三省で、各省には県と省の下で複数の県を管轄する道が置かれました。これ以外に、人口一〇〇万人以上、あるいは維新政府の政務機関所在地、または政治経済上特殊な事情のある都市は特別市とされ、人口三〇万人以上いる都市は普通市に改められます。一九三八年五月の時点で、維新政府の範囲に含まれた県の数は江蘇省三九県、浙江省一四県、安徽省一九県で、江蘇省はほぼ全域を含んだものの、浙江省は北部の一地域、安徽省は東部を押さえたのみでした。

来賓として維新政府成立式典で祝辞を述べる王克敏（『維新政府概史』）。

抗日ゲリラ、抗日テロとの戦い

成立したばかりの維新政府にとって、喫緊の課題であ

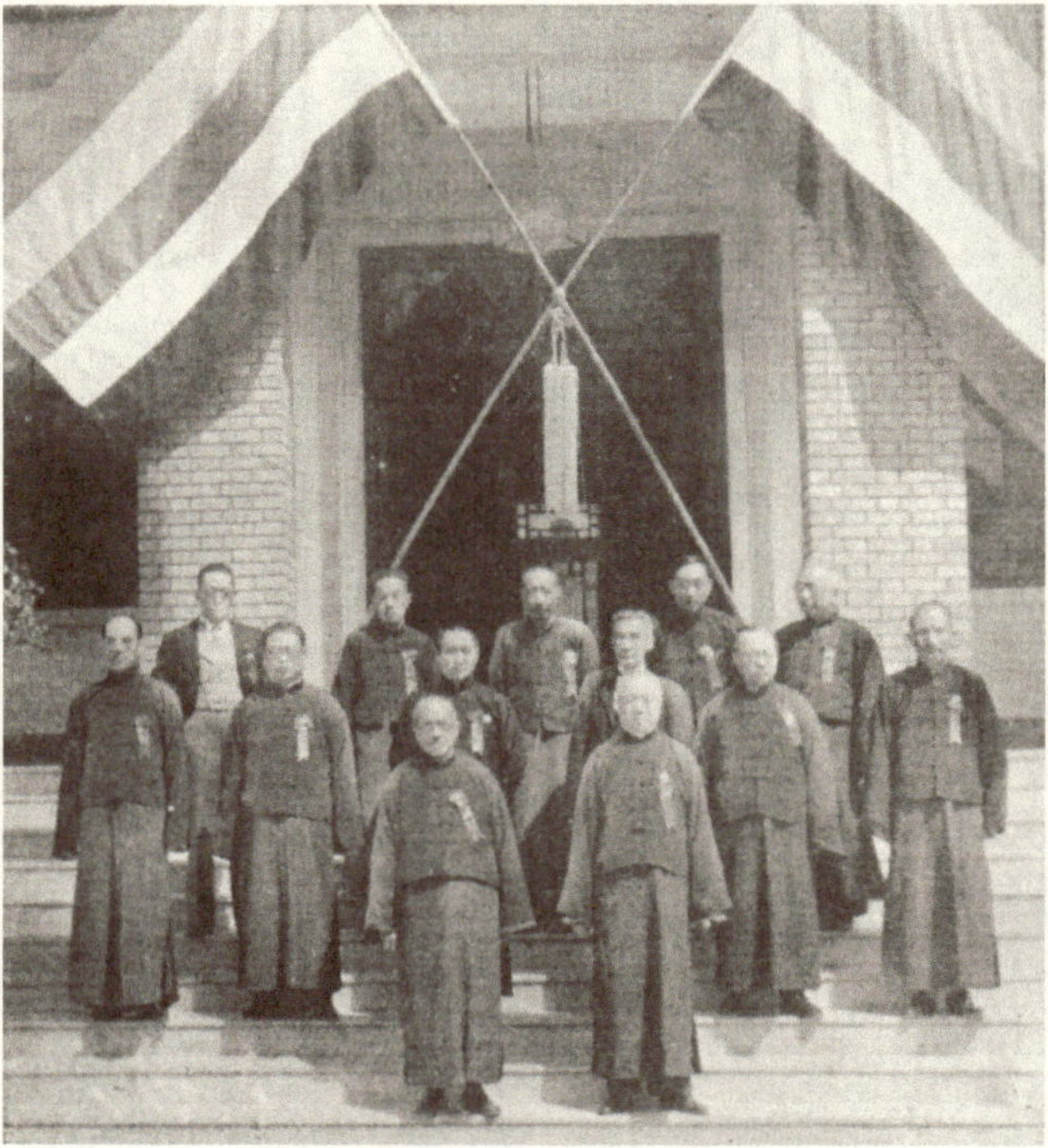

維新政府首脳陣。前列右から梁鴻志、温宗堯、中列右から陳則民、陳錦濤、陳籙、陳群、任援道、王子恵、後列右から顧澄（教育部次長）、夏奇峯（内政部次長）、呉用威、厳家熾（財政部次長）、沈能毅（実業部次長）（『維新政府概史』）。

維新政府支配領内では子どもらに日本語教育が施された（『アサヒグラフ』第32巻第17号、1939年4月）。

ったのが治安の確立です。特に華中で勢力を拡大しつつあった新四軍《しんしぐん》への対策は重要な問題でした。

新四軍は一九三七年一〇月一二日、国民政府軍事委員会の命令を受けて編成された共産党軍の部隊でした（編成完了は一九三八年四月）。新四軍は、もともと共産党軍主力が一九三五年に江西省《こうせい》瑞金《ずいきん》の中華ソビエト共和国臨時政府から長征に出発した際、残留を命じられた部隊です。その後、江南《こうなん》と呼ばれた長江下流南部の山岳地帯でゲリラ活動を展開。新四軍の軍長は北伐戦争で活躍した葉挺《ようてい》でしたが、実質的な指導者は副軍長の項英《こうえい》でした。

項英は一八九八年、湖北省黄陂《こうは》県生まれ。一九二二年に共産党入党後、中央政治局常務委員や中央革命軍事委員会主席など要職を歴任し、中華ソビエト共和国では副主席も務めました。

一九三八年六月、江南の各地から集結した新四軍は江蘇省茅山《ぼうざん》に抗日根拠地を築いてゲリラ戦を始めます。このとき、新四軍は四個支隊九個団、兵力およそ八〇〇〇人を擁していました。新四軍の進出に対し、日本軍は飛行機や火砲を投入して掃討戦を展開しましたが、維新政府も綏靖軍という軍隊を派遣して、日本軍に協力します。

綏靖軍は綏靖部の指揮下で治安維持を担当し、維新政府領内を六つに分けて警備。綏靖軍の兵力は六五〇〇人ほどで、装備や訓練も充分ではなかったため、綏靖軍単独で新四軍と対《たい》峙《じ》することは不可能でした。華中では新四軍のほかにも、国民革命軍の遊撃部隊の忠義救国軍が日本軍にゲリラ戦を挑んでいます。

その一方、上海では蔣介石直系諜報《ちょうほう》機関の軍統が、北京で王克敏を襲ったのと同時に、維新政府要人や親日派中国人の命を狙っていました。なお、当時、上海の中心部にはイギリスやアメリカなど欧米列強と日本が共同で管理する共同租界と、フランスが一国で管理するフランス租界がありました。これら租界は天津英仏租界と同様、抗日テロ活動の恰好の拠点となっていたのです。

暗殺された陳籙（『維新政府概史』）。

一九三九年二月一六日、上海フランス租界で維新政府要人のひとりで、上海地方院院長の屠復《とふく》が何者かに襲われ命を落としました。それから二日後の一八日には、休暇を取って上海共同租界の自宅で静養していた維新政府外交部長の陳籙が、軍統工作員のテロに斃《たお》れます。

福建省出身の陳籙は、一九〇八年にフランス留学から帰国後、北京政府外交部に入り、外交総長や駐仏大使などをへて、一九二三年に国際連盟中国代表に就任。北京政府崩壊後は、一時、上海で弁護士を開業していましたが、まもなく国民政府に取り立てられ、外交部条約委員会副委員長を務めました。

陳籙が暗殺されたことを受けて、維新政府は日本側と対策会議を開き、ただちに綏靖軍と維新政府警察隊を上海租界の周囲に配置し、テロへの警戒をさらに強めます。しかし、維新政府要人を狙った事件は上海以外でも起きました。六月、在南京日本総領事館で開かれた式典に出された酒に毒が入れられ、参加した梁鴻志ら維新政府幹部と日本外務省関係者が中毒にかかり、そのうち、総領事館に書記生として勤務していたふたりの日本人が死亡しました。そして、翌七月には南京特別市市長の高冠吾《こうかんご》が狙撃《そげき》される事件も発生するのです。

親日民衆団体を整理統合する

治安の確立を目指す維新政府にとって、政府に対する民衆の支持をいかに獲得するかも重要な課題でした。すでに、上海共同租界では第二次上海事変後に東亜会《とうあ》と名乗る親日民衆団体が活動を開始していましたが、一九三七年一〇月に租界当局によって解散させられます。まもなくして、東亜会元メンバーは新たな団体として興亜会《こうあ》の結成を企画、翌三八年四月頃までに上海周辺に一五の支部を設け、設立準備を進めました。しかし、会員となる予定だっ

反蒋反共運動に参加する民衆（『維新政府概史』）。

た四〇〇〇人の結束が乱れ、結局、五月に発足を断念します。

このほか、上海周辺には、東亜黄道会・反共連盟・東方民族協会・中国青年連盟・滬《こ》西《せい》総工会など実態のわからない親日民衆団体が乱立し、混乱に拍車をかけていました。

維新政府は民衆の支持を得るため、これら親日民衆団体を整理統合して、一九三八年六月一日、上海に大民会を結成します。「大民」とは、五経のひとつとされる『礼記《らいき》』の「礼運大同《れいうんだいどう》篇」にある「大道の民」を略したことばです。大民会は民衆が徳をもって治めるという意味の民徳主義を標《ひょう》榜《ぼう》し、維新政府と民衆の間に介在し上意下達、下意上達を担うことを建前としました。大民会は会長を頂点に中央に総本部が置かれ、地方には連合支部以下、各県と市に支部、または区分会が設けられます。しかし、運営の実権は大民会の日本人顧問が握っていたのです。

大民会は維新政府支配領内の各地に宣伝隊を派遣して、民徳主義の普及と親日反共の宣伝を繰り返しました。そして、汪兆銘《おうちようめい》政権の成立が間近に迫った一九四〇年三月三日、「大民会更新宣言」を発表し、和平救国を目指す汪兆銘を支持するとともに、新たな指導原理として大民主義を掲げます。

宣言によると、大民主義とは良民主義（正直で良質な民となること）・公民主義（国家社会の義務を負い公権を有する民となること）・衆民主議（互いに同情を持つ良民と公民を集結させて共存共栄を図ること）・群民主義（良民と公民を組織化して社会秩序を保つこと）の総称で、別名大同主義ともいうと述べられていました。

しかし、このような難しい指導原理を民衆が理解したかどうかは疑問です。また、この理論を掲げたところで、民衆が維新政府を支持することは期待できなかったのではないかと思われます。

国策会社、中支那振興株式会社

日中戦争勃発時、華中にはおよそ二万九〇〇〇人の日本人がいて、そのうち上海には二万五〇〇〇人が住んでいたと推定されています。彼らのほとんどは上海で商業に携わっていました。また、上海には多くの日系企業が進出し、そのなかでも最大を誇る紡績業は、日中戦争直前の時点で九社、工場は二八カ所、精紡機は一三六万錘《すい》、織機は一万七八〇〇台ありました。

第二次上海事変に勝利し、上海が日本側の手に落ちると、日本政府は華中占領地の復興と資源開発を進めるため、一九三八年一一月七日、上海に国策会社の中支那振興株式会社を創設します。同年三月一五日に閣議決定した、「中支那振興株式会社設立要綱」によると、同社は日本政府と民間各半額出資の資本金一億円で設立され、交通・運輸・通信・電気・ガス・水道といった公共性の高い事業から、鉱産・水産など一部の一般事業にも投資を行い、統制を強めます。

ここでは中支那振興株式会社が創設した会社のうち、代表的な三社を取り上げます。

華中鉄道股份有限公司《こふんゆうげんこうし》（華中鉄道）は、華中の鉄道および長距離バスの運行事業を統制・経営するために、一九三九年四月に設立されました。同公司は鉄道事業の拡大とともに、路線の復旧と開拓に努め、一九四四年九月までに、海南線《かいなん》（上海—南京）・呉湘線《ごしよう》（上海—砲台《ほうだい》湾《わん》）・海杭線《かいこう》（上海—杭州）・蘇嘉線《そか》（蘇州—嘉興《かこう》）・南寧線《なんねい》（南京—蕪湖）・津浦線（浦《ほ》口《こう》—徐《じょ》州《しゅう》（路線は天津まで続く））・淮南線《わいなん》（蚌埠—田家庵《でんかあん》）・浙贛線《せつかん》（杭州—閘口《ざこう》・口江岸《こうこうがん》—金華《きんか》・金華—武義《ぶぎ》）を運行。また、バス路線も公司発足当初の二二路線から、一九四四年上半期には六五路線までに拡大されました。

淮南煤鉱《ばいこう》股份有限公司は、一九三九年六月一五日、華中最大規模の石炭埋蔵量を誇る安徽省淮南炭鉱の開発を目的に設立されました。同公司は一九四一年、増産五カ年計画にもとづき、年間出炭量二〇〇万トンを目指して操業を強化。しかし、炭層を調査した結果、想定したほど石炭が埋蔵されていないことがわかり、早くも一九四二年度から年間出炭量を一五〇万トンに減産します。さらに、一九四四年に入ると、年間出炭量を一二〇万トンに減らし、上半期には五三万五〇〇〇トンの生産を予定したものの、戦争の長期化による物価の急騰で低賃金労務者の離職が相次ぎ、結局、上半期の出炭量は予定よりも大幅に少ない三五万七〇〇〇トンとなりました。

中華輪船《りんせん》股份有限公司は、一九四〇年二月二五日、長江流域の船舶輸送、および埠頭《ふとう》の倉庫管理を目的に設立。同公司は旅客のほか、華中で生産された綿花や米穀、石炭などを積極的に運搬し、一九四三年九月末までに一五三隻の各種船舶を保有するまでに成長します。しかし、一九四四年四月以降、日本軍が華中奥地への攻撃を進めると、同公司から船舶が徴用されたため、輸送力は減退しました。

失敗に終わった華興商業銀行

中支那振興株式会社が設立されると、日本政府は維新政府の中央銀行となる華興《かこう》商業銀行の創設に着手しました。その目的とはいったい何だったのでしょうか。

第二次上海事変勃発当時、日本軍は華中での戦闘は短期的なものに終わるとの見通しを持っていました。また、華中では華北の朝鮮銀行券のような日系貨幣が流通していなかったため、日本軍は国民政府の貨幣だった法幣を一時的に調達して、現地での軍需品の支払いや人件費などに充てます。

しかし、華中でも戦闘が長期化し、兵員も日を追うごとに増加すると、法幣の調達が追いつかず、日本軍はやむなく、送金されてきた日本円（日本銀行券）や携行してきた軍票を現地での支払いに使いました。その結果、華北からもたらされた朝鮮銀行券を除き、一九三八年末までに戦争のために華中に持ち込まれた日本円と軍票は、合計で約一億円に達しました。これは、当時の日本の国家予算の約二八分の一の金額に相当したといわれます。

これに対し、国民政府は第二次上海事変直後の八月一五日、戦争による金融の混乱を防ぐため、「非常時期安定金融辦法」を発して、法幣の預金引き出しを制限。さらに、「携運鈔《けいうんしょう》票《ひょう》制限辦法」を制定して日本軍占領地への法幣持ち込みを禁止します。その結果、華中金融市場で法幣が高騰し、その反対に市場に滞留していた日本円の価値が暴落しました。

日本政府はこれ以上華中に日本円が流入するのを防ぐため、法幣に対抗できる新たな通貨の創設と、それを発行する中央銀行の開業を決めます。一九三九年五月一日、日系銀行六行と維新政府の折半出資で上海に成立した華興商業銀行（開業は一六日）は、民間の商業銀行という位置づけでしたが、維新政府の国庫収支を扱うとともに、維新政府から華興券と呼ばれた銀行券の発行が認められていました。この華興券の大きな特徴は、法幣を価値基準（法幣リンク）にしていたことでした。その理由はいくつかありますが、強固な法幣支配のなかにあった華中で、法幣を無視して新たな銀行券を発行するのは不可能に近かったためだったといわれています。

華興商業銀行開業当初、法幣一元は約八ペンスの価値で推移していましたが、同年夏の天津英仏租界封鎖事件と華北を襲った大水害による経済の混乱で、法幣の価値は一気に六ペンス以下に割り込みます。このことは流通を始めたばかりの華興券にとって影響が大きく、日本側と維新政府は七月、華興券の法幣リンクを止め、以後、華興券一元を六ペンスの価値で維持させていくことを決めました。

しかし、銀行開業から一年以上経っても貨幣発行高が一〇〇〇万元に満たず、さらに法幣リンクからの離脱により中国で貨幣としての実力を失った華興券は、人々から完全に見放されました。結局、一九四一年一月に汪兆銘政権が中央儲《ちょ》備《び》銀行を創設すると、華興商業銀行は貨幣発行権を失い、一般の商業銀行として存続することになるのです。

執務中の梁鴻志（『写真週報』第98号、1940年1月）。

維新政府は事実上の財政破綻に陥っていた

維新政府が統治した華中江南地方は、古くから水運交通を利用した商業が盛んで、アヘン戦争以降は上海を中心に中国の経済と金融の中心地として発展しました。このような経済的に豊かな一帯を押さえた維新政府の財政事情はいったいどうなっていたのでしょうか。

華中の治安が安定しないなかで誕生した維新政府は、成立当初から歳出と歳入の目途が立たず、一九三九年春まで、月ごとに予算を確定していました。それ以降は三カ月ごとに予算を編成し、その状態が政権終了まで続きます。つまり、維新政府にはまともな年間予算計画はなく、この点だけ見ても、政権の財政的不安定さは明らかでした。維新政府の主な収入源は、関税・塩税・統税でしたが、戦争の影響で、関税と塩税は一部しか政府の実収入になりません。

そのうえ、地方の省政府も住民から徴税するだけの体制が構築できませんでした。浙江省政府に至っては、一九三九年四月から一〇月までの月平均の財政収入額一五万九九二二元のうち、主要な収入源として期待された田賦《でんぶ》と呼ばれる土地税がわずか平均一四七元。そのほか税収入を合わせても、総額は収入全体の一三パーセントほどの約二万元にしかなりません。そのため、残りの八七パーセントの約一三万元あまりは、維新政府からの補助金で月々賄われていました。

このように、事実上の財政破綻《はたん》に陥っていた維新政府が財源として頼ったのが、ほかの傀儡政権と同じく、アヘンでした。第二次上海事変後、華中でのアヘン工作は、すでに維新政府成立以前の一九三七年一二月頃から開始。当時、上海の黄浦口《こうほこう》周辺には、戦火による混乱を衝《つ》いて、香港などからアヘンの密売を目的としたジャンク船が集結していました。治安を脅かすこれらの船の取り締まりに苦慮した上海市大道政府市長の蘇錫文は、楠本大佐に解決を依頼します。

里見甫とアヘン密売

もともと、楠本はアヘン問題に関わることを避けていましたが、中支那方面軍参謀の長《ちよう》勇《いさむ》中佐と協議した結果、解決の方法としてアヘン密売に手を貸すことにしました。

楠本は、早速一九三八年四月に、三井物産を介してペルシャ（現在のイラン）産アヘンを上海に密輸入させました。そして、その密輸入に日本軍が関わっていることを隠すため、民間人の里見甫《さとみはじめ》にアヘンの管理と販売の窓口役を任せます。

里見とはいかなる人物なのでしょうか。里見は一八九六年一月、元海軍軍医の里見乙三郎《さとみおとさぶろう》の長男として生まれました。一九一三年、里見は福岡県立中学修猷館《しゅうゆうかん》を卒業すると、同年、頭山満《とうやまみつる》が創設したアジア主義団体の玄洋社《げんようしゃ》から支援を受けて、上海の東亜同文書院に入学します。そして、卒業までの間、中国に関するあらゆることを学び取ります。

ちなみに、東亜同文書院とは一九〇〇年、近衛文麿《このえふみまろ》の父で、当時貴族院議長だった近衛篤麿《あつまろ》が設立した東亜同文会が、将来日中で活躍する人材を育てるために南京に建てた専門学校（翌年、上海に移転して再開校）で、毎年、日本各県から選抜された学生が海を渡って入学していました。

一九一九年、里見は東亜同文書院の後輩で朝日新聞北京支局記者の中山優《なかやままさる》の紹介で天津の京津日日新聞《けいしんにちにちしんぶん》の記者になりました。そして、取材の過程で里見は石原莞爾《いしわらかんじ》ら関東軍将校や、蔣介石など国民政府要人らと親交を結びます。

満洲事変《まんしゅう》が勃発すると、里見は関東軍に嘱託として招かれ、甘粕正彦《あまかすまさひこ》とともに諜報活動や宣伝工作に従事。さらに、満洲国建国後の一九三二年一二月、首都新京に国策会社の満洲国通信社（国通）が設立されると、里見は初代主幹兼主筆に就きました。

一九三五年、関東軍が華北分離工作を発動し、通州《つうしゅう》に冀東《きとう》政権を設けて華北に勢力を広げると、里見は天津にふたたび戻って天津特務機関の影響下にあった新聞「庸報《ようほう》」の社長に就任。里見をアヘン密売の窓口とするよう楠本に指示したのは、参謀本部第八課（謀略課）長の影佐《かげさ》禎昭《さだあき》大佐でした。

里見は中国商人からアヘン購入の注文を受けると、自分の部下を特務部に遣わしてその旨を伝え、特務部はその部下をアヘンの保管倉庫へ向かわせて、そこで商人と品物のやり取りをさせました。こうすることで、特務部はアヘン密売の表側に現れないようになっていたのです。アヘン売却で得た収益のうち、原価と諸経費を抜いた額が特務部に支払われていました。具体的収益はアヘンひと箱、重さ一六〇ポンドでおよそ三〇〇〇ドルから四〇〇〇ドルになったといわれています。

このように一見巧妙にみられたアヘン密売でしたが、一九三八年六月一三日に開かれた国際連盟アヘン諮問委員会でアメリカ代表がアヘン密売を問題視する発言を行い、密売の情報が漏れていることが明らかとなりました。

新たな対応に迫られた楠本は、維新政府がアヘン癮者《いんじゃ》（中毒者）を救済する目的でアヘンを輸入しているという口実を設けることにし、維新政府にアヘン制度を早急に整備するよう指示。維新政府側は原田最高顧問と協議を重ね、一九三九年三月三日「戒煙令」を発して、内政部の下に戒煙総局を設けます。戒煙総局の主な業務はアヘン密輸の取り締まりと癮者の治療で、地方には戒煙局が一〇カ所、事務所が三一カ所設置されました。

一方、アヘン販売の統制については、五月に上海に開設された宏済善堂《こうさいぜんどう》が担当。宏済善堂は有力八大アヘン商によって組織された会社で、運営を事実上取り仕切っていたのは、副董《ふくとう》事長《じちょう》の里見甫でした。宏済善堂は上海に運ばれてきたアヘンを八大アヘン商が分け合い、その後、契約を交わした各卸売業者に分配され、さらにその下の小売業者に渡って販売されます。この配給機構は特業公会と呼ばれ、利益が偏らないよう戒煙総局が統制をしていました。

このアヘン制度によって維新政府はどれくらいの収入を得ていたのでしょうか。堀井《ほりい》弘一《こういち》郎《ろう》によると、一九三九年六月から一九四〇年三月までのアヘン税収入は、法幣で二九七万元、華興券で三一五万元に達しました。さらに、アヘンの輸入や配給により生じた利益金は、このアヘン税収入の数倍に上ったそうです（「日本軍占領下、中華民国維新政府の治政」）。

維新政府がまさにアヘンで支えられていた政権であったことは明白で、一部で「アヘン政府」と蔑称《べっしょう》されていました。そのアヘン税収の一部は、宏済善堂ならびに特務部からアヘン業務を移管された興亜院に渡っていたのです。

中国新中央政府との合流を前に協議を重ねる維新政府幹部（『写真週報』第98号、1940年1月）。

維新政府の解消

合併に向けた臨時・維新両政府の話し合いは、維新政府が成立してからほどなくした一九三八年四月から始まり、合併の第一歩として、九月二二日、北京に中華民国政府聯合委員会が発足。計七回開かれた聯合委員会会議で、臨時・維新双方は、各種問題について意見を交わし、合併に向けた道筋を立て、途中からは汪兆銘も加わり、新中央政権設立に向けた準備が進められました。さらに、一九四〇年一月の青島《チンタオ》会談で、維新政府は正式に解消されることが決定します。

三月一日、南京に新中央政府還都準備委員会が成立し、三日から大民会が主催して維新政府領内の各地で還都慶祝運動が行われました。そして、三〇日、南京に汪兆銘を首班とする新中央政権の中華民国国民政府が成立すると、梁鴻志は維新政府の発展的解消を宣言し、自ら政権の幕を下ろしたのです。

「漢奸裁判」で死刑判決確定後、法廷から連れ出される梁鴻志（『漢奸裁判史』）。裁判を傍聴していた梁鴻志の妻と娘は、泣きわめきながら梁の後を追ったが、看守に制止された。

中華民国維新政府の主要人物と役職（1938年5月）

役　　職	人　　物
行政院長	梁鴻志
立法院長	温宗堯
内政部長	陳群
財政部長	陳錦濤
外交部長	陳籙
綏靖部長	任援道
教育部長	陳則民
実業部長	王子恵
交通部長	梁鴻志
司法行政部長	許修直

出典：郭卿友主編『中華民国時期軍政職官誌　下』（甘粛人民出版社、1990年）、1901〜1903頁をもとに筆者作成。

中華民国維新政府組織概要図

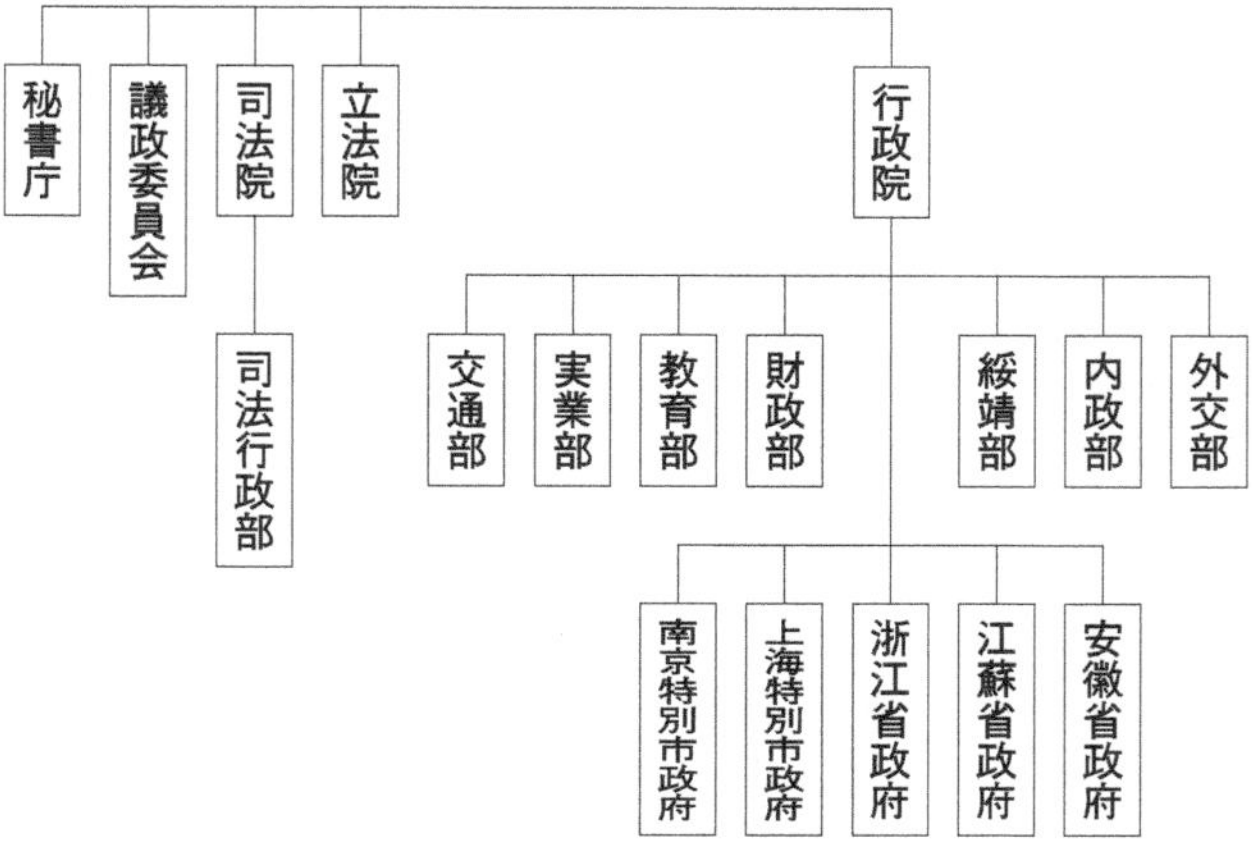

出典：中国国民党中央委員会党史委員会編『中華民国重要史料初編―対日抗戦時期第六編　傀儡組織（三）』（中国国民党中央委員会党史委員会、1981年）、132頁をもとに筆者作成。司法院は未設置。

第四章　中華民国国民政府（汪兆銘政権）

汪兆銘政権（1944年）

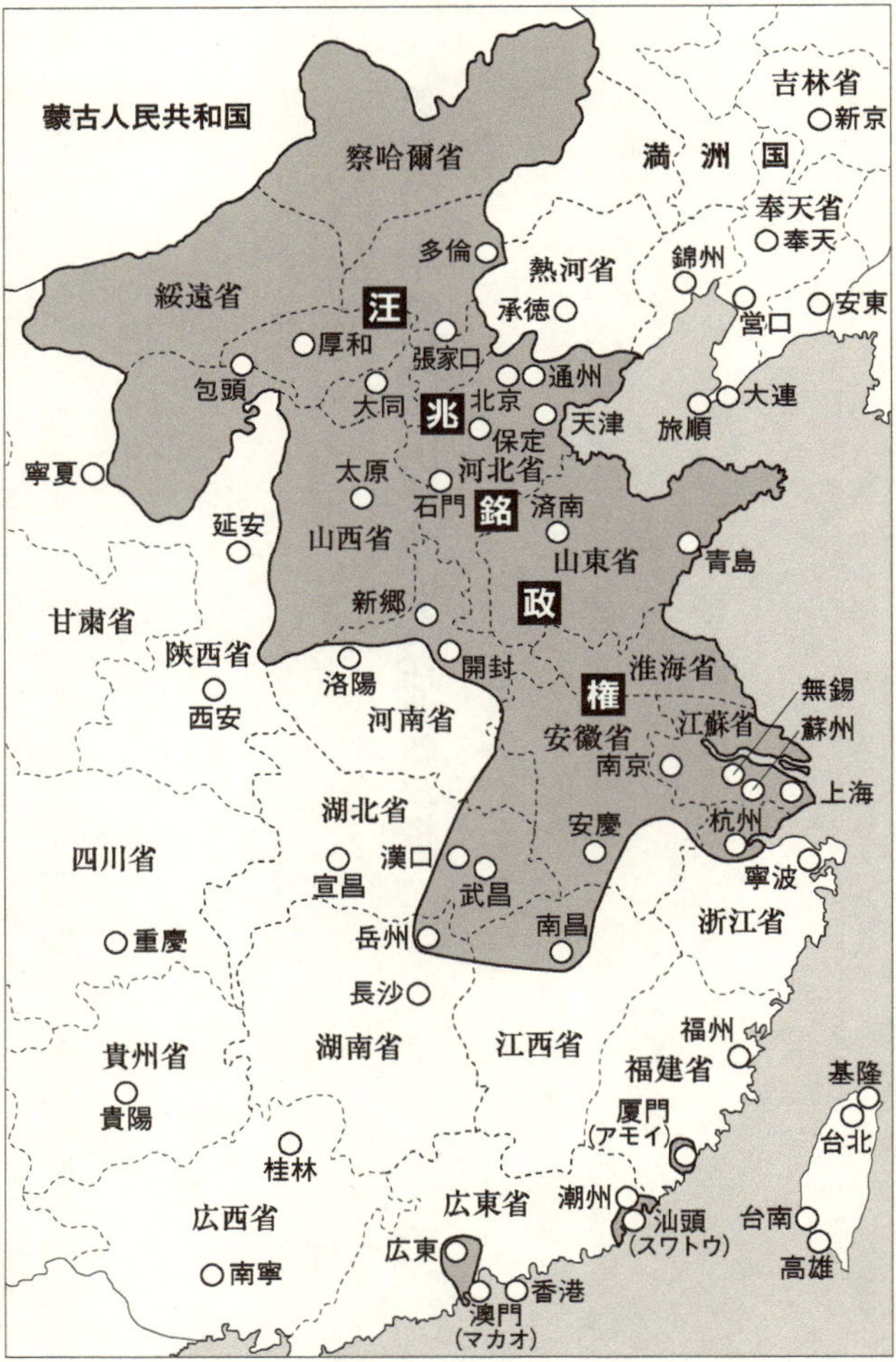

蒙古人民共和国
吉林省
新京
満洲国
察哈爾省
奉天省
奉天
多倫
熱河省
錦州
綏遠省
汪
承徳
営口
安東
厚和
張家口
包頭
通州
北京
大連
大同
兆
天津
保定
旅順
寧夏
太原
河北省
石門
銘
済南
延安
山西省
山東省
青島
甘粛省
新郷
政
陝西省
開封
洛陽
淮海省
権
無錫
西安
河南省
江蘇省
蘇州
安徽省
南京
上海
湖北省
安慶
杭州
四川省
漢口
寧波
宣昌
武昌
浙江省
南昌
岳州
重慶
長沙
福州
貴州省
湖南省
江西省
福建省
基隆
貴陽
厦門
(アモイ)
台北
桂林
広東省
潮州
汕頭
(スワトウ)
台南
広西省
広東
高雄
南寧
香港
澳門
(マカオ)

中国傀儡政権地域別系統図

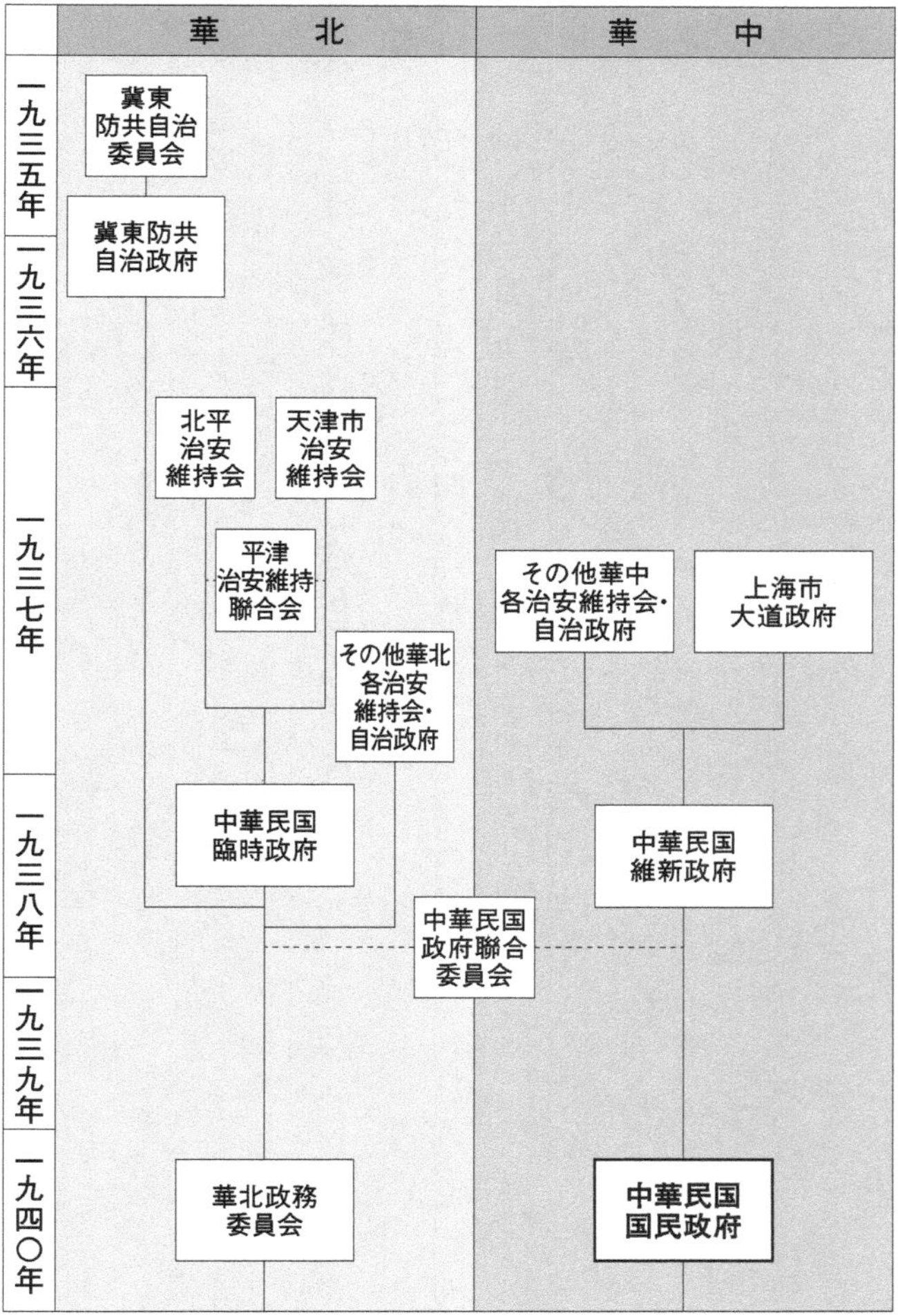

存続期間　一九四〇年三月三〇日―一九四五年八月一六日

首　都　南京《ナンキン》

指導者　汪兆銘《おうちょうめい》（代理主席〔一九四〇年三月三〇日―一九四〇年一一月二八日〕―主席〔一九四〇年一一月二九日―一九四四年一一月一〇日〕）

陳公博《ちんこうはく》（代理主席〔一九四四年一一月一一日―一九四五年八月一六日〕）

汪兆銘は国民政府ナンバー2だった

一九四〇年三月三〇日、日本軍占領下の南京で傀儡《かいらい》政権、中華民国国民政府が成立します。この政府は汪兆銘を指導者としたことから、別名「汪兆銘政権」とも呼ばれました。また、南京陥落後、四川《しせん》省重慶《じゅうけい》に遷都した国民政府（重慶政府）と区別するため、「南京国民政府」とも称されました。傀儡政権を作った汪兆銘とはいったいどういう人物だったのでしょうか。

汪兆銘（汪精衛《せいえい》）は、一八八三年五月に広東《カントン》省三水《さんすい》県で生まれました。一〇代前半で両親を亡くして苦労をしますが、勉学を怠らず、一九〇三年秋に広東省政府官費留学生に選ばれ、翌年東京の法政大学清国留学生法政速成科に留学。

当時、汪兆銘は、欧米列強の半植民地と化した中国に強い憤りを感じていました。一九〇五年八月、東京で孫文《そんぶん》が国民党の前身である中国同盟会を結成すると、汪はこれに参加し、孫のもとで革命運動に身を投じたのです。

一九〇七年三月、孫文が日本を離れると、汪兆銘はこれに従います。汪は、フランス領インドシナ（現在のベトナム）のハノイやイギリス領シンガポールを拠点に、同盟会員の獲得や活動資金の確保に奔走。〇九年一月、汪は東京に戻ると、仲間らと「暗殺団」を結成し、翌一〇年一月、北京《ペキン》で当時の清《しん》朝皇帝溥儀《ふぎ》の父醇親王載灃《じゅんしんのうさいほう》の暗殺を試みようとします。

中華民国成立後も汪兆銘は、孫文の側近として行動をともにします。しかし、一九一三年、汪は中華民国の実権を握った袁世凱《えんせいがい》を打倒する第二革命に失敗し、フランスに逃亡（孫文は日本に亡命）。

一九一六年に袁世凱が死去すると、汪兆銘は帰国し、孫文を助けて広東軍政府の樹立に参加して、政府の最高顧問に就任。さらに、一九二四年に広州《こうしゅう》で開かれた国民党一全大会で、汪は国民党中央執行委員のひとりに選出されます。

一九二五年三月一二日に孫文が亡くなると、汪兆銘は七月に成立した広東国民政府の主席に選ばれました。この頃から、国民党内では蔣介石《しょうかいせき》が軍事的功績を背景に台頭し始め、汪と対立するようになります。蔣介石は国民党右派をまとめ、汪兆銘の周りには国民党左派と共産党（第一次国共合作により国民党と合流）が結集しました。

一九二六年三月、蔣介石が広州に戒厳令を発して共産党員を逮捕（中山艦事件《ちゅうざんかん》）すると、汪兆銘は蔣との対立を避けるため、病気療養と称してフランスへ逃亡しました。それからまもなくして、国民党の実権を握った蔣が中国統一を目指して北伐戦争を始めます。

国民党左派と共産党は蔣介石に対抗するため、一九二七年一月、武漢《ぶかん》国民政府を設立し、ドイツ滞在中の汪兆銘を政府委員兼中央常務委員に任命します。しかし、ソ連のウラジオストク経由で帰国した汪は、南京国民政府を樹立した蔣と反共方針で一致し、一九二七年九月、武漢国民政府を合流させてしまいました。

その後、汪兆銘はふたたび蔣介石との対立を深め、一九三一年五月、前立法院長の胡漢民《こかんみん》らと広州国民政府を設立し、蔣と袂《たもと》を分かちます。ところが、まもなくして満洲事変《まんしゅうじへん》が勃発《ぼっぱつ》すると、汪は挙国一致を図りたいという蔣の求めに応じ、広州国民政府をあとにして蔣のもとに合流。一九三二年一月、汪は蔣に続く南京国民政府実質ナンバー2である行政院長に就任しました。

対日問題の解決を任された汪兆銘は、日本に抵抗を続けながら外交交渉によって局面打開を図る方針を打ち出し、関東軍の華北進出を食い止めます。しかし、この外交姿勢が中国の対日強硬派から反発を浴び、一九三五年一一月、汪は国民党六中全会の会場でカメラマンを装った刺客に狙撃《そげき》されます。

汪は瀕死《ひんし》の重傷を負い、行政院長の職を辞して治療を受け、なんとか一命を取りとめました。汪はしばらく療養して傷を癒《いや》すと、一九三七年一月、中国政界に復帰し、三八年には国民党副総裁に就任します。

このように、蔣介石と手を組んだり対立したりしながら、国民党ならびに国民政府の主要人物として命を張った汪兆銘が、なぜ傀儡政権を作ることになったのでしょうか。盧溝橋《ろこうきょう》事件勃発後、水面下で進められた日中双方の和平交渉の経過をたどりながら、検討していきたいと思います。

日中断交

盧溝橋事件勃発後、日本政府は居留民の保護や軍の自衛などを名目に、華北へ増援部隊を急派します。しかし、天皇は早くから国民政府との和平を求めていました。そして、日本政府の一部官僚や軍人のなかからも国民政府との戦争に反対し、早期和平を図るべきとの声があがります。

たとえば、外務省東亜《とうあ》局長の石射《いしい》猪太郎《いたろう》は、日中両軍の戦闘が始まると、自ら停戦案と全面国交調整案を作成します。そして、外交交渉の糸口を探るため、八月上旬、在華紡績同業会理事長の船津《ふなつ》辰一郎《たついちろう》を上海に派遣して外交部亜州司長の高宗武《こうそうぶ》と会談させました。また、参謀本部第一部長の石原莞爾《いしわらかんじ》陸軍中将は、風見章《かざみあきら》内閣書記官長を通して、近衛《このえ》文麿《ふみまろ》首相に南京に出向いて蒋介石に和平を提案するよう進言しました。

一方、国民政府でも徹底抗戦を主張する蒋介石に対し、国民党中央宣伝部長の周仏海《しゅうふつかい》や国防参議会参議員の陶希《とうき》聖《せい》、元行政院秘書長の褚民誼《ちょみんぎ》らは、国民革命軍が弱体で抗戦には限界があるという認識から、同志を集めて秘密裏に低調倶楽部《クラブ》という名のグループを作り、早期講和を主張しました。なお、グループ名にある「低調」とは、抗戦の姿勢を崩さなかった「高調」の蒋介石に対する、和平派の立場を表したことばです。

左：周仏海（『写真週報』第110号、1940年4月)。右：高宗武（『最新支那要人伝』)。高は国立中央政治大学在職中、対日外交政策について述べた論文が高く評価され、20歳代後半で対日問題を担当する外交部亜洲司長に抜擢された。

八月一三日、第二次上海事変が勃発すると、上海に権益を持っていた欧米諸国は、日本の軍事行動を強く批判します。そのなかにあって、ドイツは戦前から貿易や軍事顧問団の派遣を通して国民政府と深い繋《つな》がりを持っていましたが、日本とも一九三六年一一月に日独防共協定を結ぶなど、急速に友好関係を築いていました。

ドイツは日中戦争により中国で共産勢力が台頭することへの懸念や、中国への武器輸出と軍事顧問団をめぐる日本とのトラブルから、戦争の早期解決を望んでいて、ヘルベルト・フォン・ディルクセン駐日ドイツ大使、オイゲン・オット駐日ドイツ大使館武官、オスカー・トラウトマン駐華ドイツ大使らが日中両政府の間に立って、連絡と調停の斡旋《あっせん》を行っています。

一一月二日、ディルクセンと会見した広田弘毅《ひろたこうき》外相は、次のことを条件に日本が国民政府と講和を結ぶ用意があると述べました。それは、内蒙古《ないもうこ》に自治政府を作ること、北京と天津《てんしん》を含む華北一帯に非武装地帯を設けて中国側警察隊を治安維持にあたらせ、親日的な行政長官を任命すること、上海に非武装地帯を設定して国際警察隊に管理させること、抗日政策を廃止すること、共同防共を行うこと、日本の商品に対する関税を下げること、外国の権利を尊重すること、です。

六日、日本の講和条件がディルクセンからトラウトマンを通して蔣介石に告げられます。このとき、蔣介石はベルギーのブリュッセルで開催されていた九カ国条約会議（ブリュッセル会議）で、日本に経済制裁を加えるという国民政府の要求が受け入れられることを期待していました。そのため、はじめ蔣は日本と講和を結ぶことに消極的でした。

しかし、会議で日本とこれ以上の対立を望まなかったイギリスとアメリカが国民政府の要求を拒否します。これを受けて、一二月二日、蔣介石はトラウトマンにドイツの仲介を受け入れる用意があることを伝えました。

一二月一三日、日本軍によって直前まで中国の首都だった南京（一一月七日に漢口《かんこう》に首都機能を移転）が陥落し、翌一四日に北京で中華民国臨時政府が成立します。勢いに乗った日本政府は、さきの講和条件に加え、満洲国を正式に承認すること、華北と内蒙古に自治政権を作ること、華中の日本軍占領地域を非武装地帯とし、上海市区域は日中が共同して治安維持と経済発展にあたること、日本側に所要の賠償を支払うことを求めたのです。

国民政府がこの日本側の厳しい要求にしばらく明確な回答を見合わせていると、一九三八年一月一五日、日本政府は、「支那事変処理根本方針」（一月一一日、御前会議決定）にもとづき、国民政府に和平への誠意がみられないと判断し、交渉の打ち切りを決定。一六日、近衛首相は「爾後《じご》国民政府を対手《あいて》とせず」との声明（第一次近衛声明）を発表し、国民政府との関係を断ちます。これにより、和平の望みは完全に潰《つい》えたかと思われました。

しかし、戦争に反対していた日中の政府要人や民間人は、和平実現を信じ、水面下で交渉を始めていたのです。

日中和平工作が始まる

一九三八年二月、国民政府外交部亜州司第一科長の董道寧《とうどうねい》は、上海で和平運動をしていた満鉄南京事務所長の西義顕《にしよしあき》の勧めで、元満洲国外交部嘱託の伊藤芳男《いとうよしお》と秘密裏に日本に渡ります。そして、参謀本部第八課長の影佐禎昭《かげささだあき》大佐に面会し、和平の実現を訴えました。

影佐は以前から中国との戦争に消極的で、蔣介石に黙って日本に乗り込んできた董の勇気に感服します。影佐はすぐさま董に全面的支援を約束するとともに、蔣の側近の何応欽《かおうきん》と張群《ちょうぐん》宛てに和平を求める手紙をしたため、董に託しました。

一方、周仏海は南京陥落後、和平実現に向けて日本と連絡ルートを開くため、高宗武を香港に向かわせます。高も周と同じく、盧溝橋事件直後から早期講和を主張していました。周は自分たちの計画が発覚しないよう、蔣介石に高の香港行きは対日情報の収集が目的であると伝えます。

三月、高宗武は秘密裏に上海に入り、ちょうど帰国した董道寧の話から、日本との和平実現の可能性があることを知ります。高はすぐに董を連れて漢口に戻り、周仏海の提案で影佐が託した書簡を汪兆銘に手渡しました。当時、汪は表向きには蔣介石に同調して徹底抗戦を訴えていましたが、真意は日本と講和して中国を救う「和平救国」の実現を目指していたのです。

影佐の書簡を読んだ汪兆銘は、内容が重大であったため、蔣介石にもそれを回覧させました。書簡を一読して和平交渉が水面下で進んでいることを知った蔣がどんな反応をみせたかは、関係者の証言により異なりますが、西義顕によると、書簡を見た蔣は和平を願う影佐に感銘を受け、停戦をしたうえで、高宗武に長城以南の中国の主権と行政の確立を日本側が約束すれば和平交渉に臨んでもよいと答えたそうです（『悲劇の証人』）。四月、高はふたたび対日情報を集めるとの理由で香港に向かいました。

高宗武は香港に着くと、待機していた西に東京へ戻って蔣介石の意向を影佐に伝達するよう依頼します。しかし、西は作戦業務に忙殺されていた影佐を説得することができませんでした。

この頃、日本では近衛内閣の改造が近々行われ、日中和平の障害となっていた第一次近衛声明の見直しも行われるのではないかという噂が広がりました。これを知った周仏海は改めて高宗武に香港へ向かうよう要請。このとき、蔣介石は高が香港に行くことを許可しませんでしたが、高はそれを押し切って六月中旬、香港に向かいます。

香港に着いた高宗武は、和平工作に参加していた同盟通信社中南支総局長の松本重治《まつもとしげはる》の説得を受け、七月初め、日本語通訳として外交部亜州司日蘇《にっそ》科長の周隆庠《しゅうりゅうしょう》をともなって日本を訪れます。

来日後、高宗武は影佐だけでなく、近衛首相や犬養毅《いぬかいつよし》元首相の三男の犬養健《たける》衆議院議員ら政府要人、板垣征四郎《いたがきせいしろう》陸相、多田駿《ただはやお》参謀次長など、陸軍首脳らと日中和平について意見を交わします。

すでに日本政府は第一次近衛声明の発表により、国民政府と公式に和平交渉を行うことが建前上できなくなっていました。そのため、影佐らは高宗武に汪兆銘を国民政府から離脱させ、蔣介石に代わって和平交渉の相手となるよう要求します。

しかし、高宗武はあくまで蔣介石を相手にした日中和平を望んでいました。この日本側の要求に、高は深く思い悩みました。七月九日、高は帰国して周に日本側の要求を伝えましたが、まもなく心労で倒れてしまうのです。

高宗武に代わって日本との連絡役となったのは、周仏海の側近で、駐香港中央宣伝部特派員の梅思平《ばいしへい》です。一〇月二一日、梅は重慶（一九三八年六月九日に遷都〔党政機関を移転〕）で周仏海と協議したうえで、汪兆銘にこれまでの日本側との和平交渉の詳細な経緯を報告し、汪に参加を呼びかけます。「和平救国」を訴えていた汪はこの梅の求めに応じ、梅と高に日本側と折衝するよう命じました。

梅と高は香港に到着すると、西や松本らと会談し、交渉のたたき台となる和平案を作成します。和平案は西と伊藤によって、上海で待機していた参謀本部支那班長の今井武夫《いまいたけお》中佐のもとに届けられました。今井は二五日に帰国し、和平案を板垣と多田らに提出して強力に推し進めるよう進言します。

これと前後して、日本軍は広州（二一日）と武漢三鎮《さんちん》（漢口〔二六日〕・武昌《ぶしょう》〔二六日〕・漢陽《かんよう》〔二七日〕）を相次いで占領し、中国の主要都市と交通路の大半を手中に収めました。しか

左：陳公博（『写真週報』第 110 号、1940 年 4 月）。右：梅思平（『写真週報』第 110 号、1940 年 4 月）。

し、戦争開始から一年三カ月がたち、日本軍はすでに中国戦線に一〇〇万人近くの部隊を投入していて、これ以上の戦線の拡大は望めない状態となっていたのです。

広州と武漢三鎮が攻略されたことを受け、近衛首相は一一月三日、「国民政府と雖《いえ》ども拒否せざる旨の政府声明」（第二次近衛声明）を発表し、日満華三国提携、政治・経済・文化などの相互提携を根幹とする、東亜新秩序建設を今後の方針とすることを表明しました。

汪兆銘、重慶脱出

板垣の命令を受けて、一一月上旬に伊藤と上海に渡った今井は、梅・高らと和平案の調整をめぐって討議を重ねます（のち、影佐・犬養・西も参加）。ちなみに、この会談で使用された場所は後に「重光《じゅうこう》堂《どう》」と命名されたため、この会談も別名「重光堂会談」と呼ばれています。

これより先、和平工作を秘匿するため、関係者ひとりひとりに変名が付され、高宗武には「渡辺四郎《わたなべしろう》」というコードネームが充てられていました。このことから、日本側は高が関与した和平工作を「渡辺工作」と呼びました。

数日にわたる話し合いの結果、一一月二〇日、最終案として「日華協議記録」・「日華協議記録諒解《りょうかい》事項」・「日華秘密協議記録」が作成されました。「日華協議記録」で明記されたのは、日華防共協定の締結および日本軍の防共駐屯の承認と内蒙を防共特殊地域とすること・満洲国の承認・日本人の中国国内での居住と営業の自由ならびに日本の在華治外法権の撤廃・日華経済提携・戦時賠償の放棄・和平成立後二年以内の日本軍の中国からの完全撤退などです。特に日本軍の中国からの完全撤退は、和平を成立させるうえでどうしても達成しなければならない要件でした。

「日華協議記録諒解事項」では、防共駐屯の説明と駐屯期間について記され、「日華秘密協議記録」では、東亜新秩序建設のための親日親華教育の実施、ソ連に対抗するための日中軍事攻守同盟条約の締結、日中経済協力を担う委員の配置などが定められています。

また、重光堂会談では今後の汪兆銘の行動計画もあわせて作成されました。その計画とは、まず日本政府が最終和平案を正式に承認したことを見計らって、汪が同志の陳公博（元国民政府実業部長）や陶希聖らとともに、重慶から雲南省昆明《うんなんしょうこんめい》に脱出する。次に、日本政府が和平条件を公表したあと、汪は蔣介石に関係断絶を宣言して飛行機でハノイ（河内）から香港へ移って時局収拾声明を発表する。そして、汪は同志の国民党員らと連名で反蔣声明を公表して和平運動を開始する。

さらに、声明に呼応して、国民政府雲南軍の龍雲《りゅううん》、四川軍の鄧錫侯《とうしゃくこう》、広東軍の張発奎《ちょうはつけい》らが独立する。汪兆銘が日本の傀儡と言われないよう、日本軍の未占領地区に新政権を建てて龍雲らを糾合し、日本とともに東亜新秩序を建設する、というものでした。

二一日、影佐と今井は、帰国後すぐに重光堂会談の内容を板垣ら陸軍関係者に報告。翌二二日、政府関係閣僚の同意を得て、「日華協議記録」の内容が第三次近衛声明として発表されることが決まります。一方、梅思平らも重光堂会談終了後ただちに重慶に戻り、汪兆銘や関係者らと今後の行動について協議を重ね、日本側に一二月八日に汪は重慶を脱出、近衛には一二月一二日頃に声明を発表してもらいたいと要請しました。

しかし、一一月三〇日に開かれた御前会議で、日本政府は「日支新関係調整方針」ならびにその要領を決定し、新政権への日本人顧問の配置や、日本軍の撤退に期限を設けないなど、「日華協議記録」の主旨とは異なる方針を定めてしまいます。

日本政府はなぜ汪兆銘を裏切るようなことをしてしまったのでしょうか。

「日支新関係調整方針」は参謀本部が主体となって一九三八年初旬から検討されてきましたが、その過程で、方針は同年一月に決定した「支那事変処理根本方針」の範囲を超えないとされていました。その方針では、日本軍の撤退期限が設けられていなかったため、「日支新関係調整方針」にもそれが反映されてしまったのです。

汪兆銘は予定をやや過ぎた一二月一八日に重慶を脱出し、昆明をへてハノイに向かいます。二二日、近衛首相は「第三次近衛声明」を発表し、善隣友好・共同防共・経済提携の近衛三原則を表明しました。

一九日、ハノイに到着した汪兆銘らは、第三次近衛声明を受けて、二九日、時局収拾声明である「艶電《ほうでん》」（「艶」は二九〔日〕の意味）を発表し、国民党執行委員会と監察委員会に広く和平の必要性を訴えるとともに、龍雲らに決起を呼びかけます。

しかし、執行委員会は汪兆銘らに対する制裁措置として、一九三九年一月一日、汪の党籍永久剝奪《はくだつ》と一切の職務からの追放を発表、龍雲ら西南軍閥領袖《りょうしゅう》も汪の呼びかけに何ら反応を示しませんでした。

さらに、三月二一日深夜、汪兆銘らが潜伏していたハノイの住宅を軍統の刺客が襲います。汪は無傷だったものの、腹心の曾仲鳴《そちゅうめい》が殺害され、同じ建物内にいた曾の妻もけがを負いました。

成立前から傀儡政権と非難される

汪兆銘らが命の危険にさらされていることが日本側に伝わると、影佐は四月八日、犬養健らと汽船北光丸《ほっこうまる》に乗ってハノイへ汪らの救出に向かいます。一八日、影佐らがハノイの汪の隠れ家を訪れると、汪は感謝の意を示したうえで、これから上海に逃れて和平運動を続けたい旨を述べました。

脱出先の候補地は上海以外に香港や広州がありましたが、香港はイギリス側の監視が厳しく、広州はすでに日本軍の占領下にあったため、そこで和平運動を行った場合、日本の傀儡とみなされる恐れがありました。

影佐は汪の提案に同意し、脱出の準備に取りかかります。二五日夜、ハノイを発《た》った汪らは港のあるハイフォン（海防）で小舟に乗り、洋上で影佐らの待つ北光丸に乗り換え、さらに、台湾の基隆《キールン》を経由して上海に向かいました。

汪兆銘は、上海であとから来た今井に次のような提案をします。

汪の和平運動がうまくいかず、蔣介石を和平に転向させられなかったことから、汪自ら和平政府を設立し、日本と提携する利を事実として証明して、蔣に抗戦の無意味なことをわからせる。政権を建てる際には事前に日本を訪問して政府要人と意見を交わし、汪として最後の決意を固める。そして、成立した和平政府は中華民国の法統を継承するものとし、国民党の三民主義を採用して、「国旗」も国民党の青天白日旗を採用する。しかし、和平政府の樹立はあくまで和平を目的とするものであるため、重慶の国民政府が和平に転じたときには政権を合流させ汪は下野をする、というものでした。

汪兆銘の話を聞き終えた今井は、汪らをあらかじめ上海に用意していた隠れ家に送ると、以上の汪の提案を参謀本部に伝えました。

日本側が汪兆銘らの訪日の提案を了承し、受け入れ態勢を整えると、汪は五月三一日に周仏海、梅思平、高宗武、周隆庠、董道寧らとともに上海から日本に渡ります。このとき、すでに日本は第一次近衛内閣から平沼騏一郎《ひらぬまきいちろう》内閣（一九三九年一月五日組閣）に代わっていましたが、汪兆銘工作に関わっていた板垣はそのまま残り、近衛も汪兆銘工作に協力するため、無任所大臣を務めていました。

日本政府は汪兆銘らが来日中の六月六日、五相会議を開き、「中国新中央政府樹立方針」を決定。このなかで日本政府は、中国に樹立する新政権は汪兆銘だけでなく、呉佩孚《ごはいふ》や臨時・維新両政府の構成員でもって組織し、汪兆銘が求めていた三民主義の採用は、親日満防共政策であればそれを妨げないとしました。

汪兆銘らは六月二〇日に日本を離れるまでの間、平沼首相をはじめとする政府首脳と意見を交わします。そのなかで、日本側が汪に「中国新中央政府樹立方針」を決定したことを伝えると、汪は和平方針の国民政府を南京に設立する構想を表明します。

汪兆銘側では、和平政権をどこに置くかという問題をめぐって、日本軍占領地内を支持する周仏海と占領地外とする高宗武の間で対立が起きていました。汪をはじめとする多くの同志が周の意見に賛同したため、高は次第に彼らと距離を置くようになります。また、影佐とともに和平工作を開始当初から支えていた今井は、汪が自ら傀儡政権を作る道を選んだことに失望し、以後、重慶国民政府との直接和平工作に希望をかけるようになりました。

1939年7月9日、「和平救国」を訴えるラジオ放送に臨む汪兆銘（『国際画報』第15巻第9号、1939年9月）。

帰途についた汪兆銘は、二七日から二九日にかけて、北京と上海を回って王克《おうこく》敏《びん》と梁鴻志《りょうこうし》と会見し、和平政府樹立に協力を要請します。そして、汪は北京で隠《いん》棲《せい》していた呉佩孚にも面会を求めました。しかし、呉佩孚は汪の行動を厳しく批判し、面会にも応じませんでした。

政権樹立に先立ち、汪兆銘は八月二八日から三〇日にかけて、上海で中国国民

1940年1月22日、青島会談参加のため青島入りした汪兆銘（左）（『国際画報』第16巻第3号、1940年3月）。

党第六次全国代表大会（六全大会）を開催。孫文以来の国民政府の法統（政権の正統性）と国民党の党統（党の正統性）を継承したとして、新たな「中国国民党」を設立します。これにより、国民党は蒋介石率いる「重慶国民党」と、汪率いる「南京国民党」のふたつに事実上分裂したのです。さらに、汪は近衛三原則に呼応するため、連ソ・容共・扶助工農を内容とした三民主義（新三民主義）を、和平反共と善隣友好を謳《うた》ったものに修正しました。

九月、支那派遣軍附に転出した影佐は、現地で直接汪政権設立に携わるため、上海北四川路の梅華堂《ばいかどう》という名の建物に事務所を置き、「梅機関」を発足させます。メンバーは影佐、晴気慶胤《はるけよしたね》中佐、塚本誠《つかもとまこと》少佐ら陸軍関係者のほ

1940年3月20日、汪兆銘は中央政治会議を開催し、30日に南京還都を実施することを宣言した（『写真週報』第110号、1940年4月）。

か、須賀《すが》彦次郎《ひこじろう》海軍少将、矢野征記《やのせいき》、清水董三《しみずとうぞう》両外務省書記官、犬養健など、これまで和平工作に関わってきた面々が参加していました。

汪兆銘らは日本側と最終的な国交調整を図るため、一一月から影佐ら日本側と、「日支国交調整原則に関する協議会」を開き、一二月三〇日、「日支新関係調整要綱」および「秘密諒解事項」、「機密諒解事項」を作成。要綱では基本原則として、善隣友好・共同防共・経済提携の設定と華北・蒙疆《もうきょう》・揚子江《ようすこう》下流域・華南沿岸に日中の合作地帯を設けることが定められます。また、「秘密諒解事項」では、主に既成傀儡政権との関係および金融・経済・交通・日本人顧問などについての具体的取り決めが、「機密諒解事項」では駐

汪兆銘政権成立式典が開かれた国民政府大礼堂前での記念撮影。
前列左から周仏海、陳群、褚民誼、梁鴻志、陳公博、汪兆銘、
温宗堯、王揖唐（『写真週報』第 111 号、1940 年 4 月）。

汪兆銘政権の成立を祝う民衆（『写真週報』第 111 号、1940 年 4 月）。

兵に関することなどが定められます。これらの決定事項に汪側からは不満が噴出し、日本側と激しい議論が繰り返されましたが、決定を大きく覆すまでには至りませんでした。

日本側の強引な決定を不服として高宗武と陶希聖は、一九四〇年一月二一日、香港『大公報』に日本側との交渉内容を暴露し、汪兆銘が傀儡政権を作ろうとしていると非難。汪はすぐにこれを否定しましたが、成立前から汪兆銘政権が傀儡政権であるという印象は、拭《ぬぐ》いきれないものとなるのです。

二四日、汪兆銘は青島《チンタオ》に王克敏と梁鴻志を招いて会議（青島会談）を開き、新政権の基本的骨格を定め、臨時政府を華北政務委員会に改組して新政権の一部とし、維新政府を新政権と合併させて解散させることにしました。

政権成立以来、代理主席だった汪兆銘は、1940年11月29日、正式に主席に就任することを宣言した（『写真週報』第147号、1940年12月）。

また、青島会談と併行して行われた蒙疆政権代表の李守信《りしゅしん》と周仏海との会談で、蒙疆政権も新政権の一部に組み入れられることが決定します。しかし、華北政務委員会と蒙疆政権には高度自治が認められていて、新政権の統治下にあっても、独自に政権を運営してもよいとされていました。

青島会談をなんとかまとめ上げた汪兆銘は、三月三〇日、南京で「還都式典」を挙行し、汪兆銘政権を発足させるのです。

ここで彼らが遷都ではなく、「還都」という言葉を使ったのは、汪兆銘政権の正当性をアピールするため、重慶から国民政府の本来の首都だった南京に戻って

1940年4月8日、飛行機で北京を訪れた汪兆銘（前列左）は王克敏（右から三人目）や王揖唐（右から二人目）ら華北政務委員会要人と対面し、一層の協力を呼びかけた（『写真週報』第113号、1940年4月）。

きた（還都）と主張したかったためです。

地方支配は限定的だった汪兆銘政権

以上、紆余《うよ》曲折をへながら成立した汪兆銘政権は、どのように日本軍占領地を統治したのでしょうか。まず、政権の政治機構をみていきましょう。

汪兆銘政権は、重慶政府からの政権の連続性を表すため、政府主席に重慶政府で主席を務めていた国民党最古参の林森《りんしん》を置きました。しかし、当然のことながら林は就任せず、代理主席に就いた汪兆銘が実質的な指導者となります。

汪兆銘政権の最高意思決定機関は、汪兆銘を主席、周仏海を秘書長とする中央政治委員会です。その下に行政・立法・

司法・考試・監察の五院、ならびに汪を委員長とする軍事委員会。そして、行政院の下には内政（初代部長〔以下同〕陳群）・外交（褚民誼）・財政（周仏海）・軍政（鮑文樾《ほうぶんえつ》）・海軍（汪兆銘）・教育（趙正平《ちょうせいへい》）・司法行政（李聖五《りせいご》）・工商（梅思平）・農鉱（趙毓松《ちょういくしょう》）・鉄道（傅式説《ふしきせつ》）・交通（諸青来《しょせいらい》）・社会（丁黙邨《ていもくそん》）・宣伝（林柏生《りんはくせい》）・警政（周仏海）の一四部と賑務（初代委員長〔以下同〕岑徳広《しんとくこう》）・辺疆（羅君強《らくんきょう》）・僑務（陳済成《ちんさいせい》）・水利（楊寿楣《ようじゅび》）の四委員会が置かれていました。

重慶政府の機構と比べると、五院と軍事委員会は同じでしたが、行政院以下は重慶政府が八部三委員会一署であるのに対し、汪兆銘政権は一四部四委員会とやや多かったことがわかります。堀井《ほりい》弘一郎《こういちろう》によると、その理由は汪兆銘政権が各党各派を結集して作られた政権だったため、政権内の人員の余剰を各組織に配置することによって解決する必要があったからでした（『汪兆銘政権と新国民運動』）。

組織の数はその後も整理されるどころか逆に増えていき、命令系統が複雑になっていきます。その上、各組織にはそれぞれ日本人顧問が配置され、業務に干渉しました。

汪兆銘政権が直接支配した領域は、日本軍の占領下にあった江蘇《こうそ》・浙江《せっこう》・安徽《あんき》・江西《こうせい》・湖《こ》北《ほく》・広東・福建《ふっけん》の各省内の一四〇あまりの県、および南京・上海・広州・厦門《アモイ》の四特別市と、徐州《じょしゅう》周辺に設けられた蘇淮《そわい》特別区（のちに淮海省《わいかいしょう》）です。ところが、県長の派遣されない県

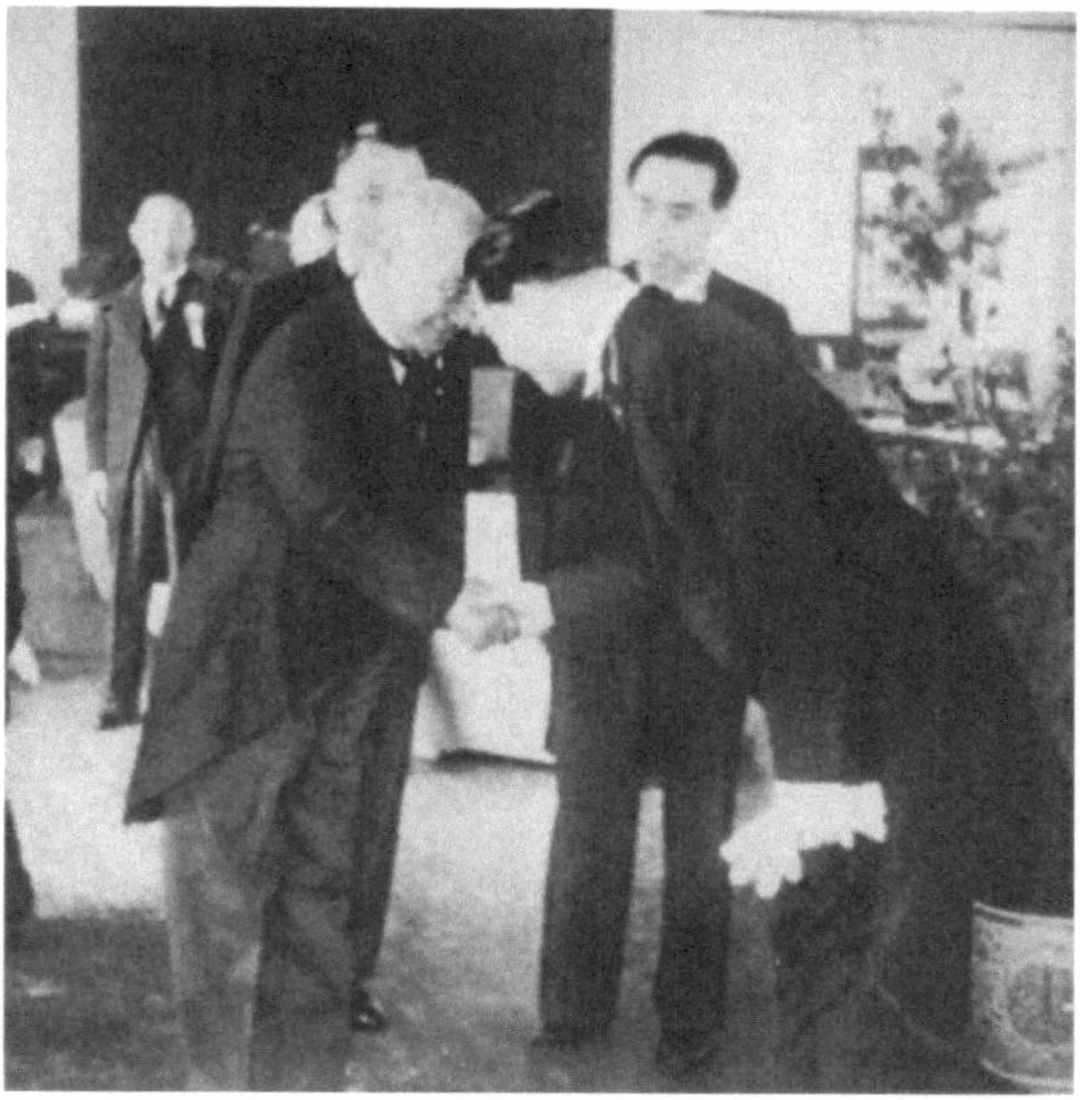

1940年4月26日、還都祝賀典礼に参列した阿部信行日本政府特命全権大使（左）とあいさつを交わす汪兆銘（右）。汪兆銘のうしろにいるのは通訳の周隆庠（『写真週報』第115号、1940年5月）。

が数多くあり、地方の支配は限定的でした。

汪兆銘政権は、統治体制を安定させるため、軍事組織の拡充に力を注ぎます。軍事委員会は政権の最高軍事機関で、委員長の汪兆銘以下、総参謀長・軍事参議院院長・陸軍部長・海軍部長などで構成され、軍事委員会は主に軍令を掌《つかさど》り、参謀本部が具体的な作戦計画を策定しました。一方、軍政は行政院が権限を握り、軍政部・海軍部・航空署がそれぞれ陸軍・海軍・空軍の軍事行政を執行しました。

汪兆銘政権の陸・海軍は、維新政府の軍事組織を引き継いで創建されたものです。陸軍主力の第一方面軍は、一九四一年二月に編成され、七個旅・二個独立旅・一個教導旅・二個独立団を擁していました。また、投降してきた重慶政府の遊撃隊、忠義救国軍を改編して和平建国軍を組織します。海軍は南京と広州に要港司令部を置き、日本海軍の支援を受けつつ、主として要港司令部付近の河川や河口部の警備にあたりました。

華南の傀儡政権――海南島の場合

一九三八年一〇月二一日、広東省省都の広州が日本陸軍第一八師団によって占領されると、大本営海軍部は、以前から企図していた広東省南部にある中国最大の島、海南島《かいなんとう》への進攻に着手します。海軍の目的は、海南島に埋蔵されているといわれた鉄鉱石やタングステンなど、兵器生産に必要な地下資源の獲得、重慶国民政府への補給路（援蔣ルート）の遮断、南方進出の拠点作りなどでした。

この計画に対し、陸軍は当初、日中和平工作の障害になるとして否定的でした。しかし結局、一九三九年一月一三日の御前会議で、陸海軍協同による海南島攻略の実行が決定されるのです。

二月一〇日、飯田《いいだ》祥二郎《しょうじろう》少将を旅団長とする台湾混成旅団（広東攻略戦に従軍した第二一軍

1939年2月、海南島の瓊山に成立した瓊山県治安維持会。華北・華中の傀儡政権と同様、日本人の指導を受けて運営されていた（『写真週報』第59号、1939年4月）。

から抽出）は、日本海軍第五艦隊の護衛を受けて、海南島北部の海岸に上陸します。そして、その日のうちに海口《かいこう》を占領すると、そのまま島の内陸部に前進し、瓊山《けいざん》・定《てい》安《あん》・文昌《ぶんしょう》などの都市を落としました。一方、海軍は一四日未明、海南島南部の三亜《さんあ》付近から攻撃を開始し、同日中に三亜・楡林《ゆりん》・崖県《がいけん》などの南部主要都市を占領します。

海南島攻略戦が無事終了すると、四月二一日、陸・海・外三大臣は「海南島政務暫定処理要綱」を決定。日本軍占領下の海南島の政務は、しばらくの間、陸・海・外の関係機関で構成された海口連絡会議が処理し、政治指導については、治安維持会に担わせることになりました。これにより、海南島には次々と治安維持会や自治委員会と称する傀儡政権が作られていきます。

海南島で中心的な傀儡政権となったのが、同年五月に海口に成立した瓊崖《けいがい》自治委員会（瓊崖臨時政務委員会。委員長趙士桓《ちょうしかん》）です。瓊崖自治委員会は、六処（税制・民政・政法・綏靖《すいせい》・復興・警務）三局（物資統制・塩務・巻煙専売）と、ほかの自治委員会と比べてやや規模が大きく、また瓊崖民衆自衛軍（司令詹松年《せんしょうねん》）という、日本軍指揮下の軍事組織も保有していました。

瓊崖自治委員会のほかに、日本軍は島内の一四県（瓊山・文昌・定安・澄邁《ちょうまい》・瓊東《けいとう》・楽東《らくとう》・万寧《まんねい》・陵水《りょうすい》・臨高《りんこう》・儋県《たんけん》・崖県・昌江《しょうこう》・感恩《かんおん》・保亭《ほてい》）、ならびに県下の郷鎮、および各重要地区に維持総会・維持会・維持分会・辦事処を設立します。その数は全部で一八二カ所にのぼりました。そして、一九四〇年五月一〇日、汪兆銘政権が広東省政府（主席陳公博）を設立すると、海南島の各傀儡政権は同政府の傘下に入るのです。

特工総部とCC団の闘争

汪兆銘政権の統治を背後から支えた組織として忘れてはならないのが、特工総部と呼ばれた特務機関です。日中戦争勃発後、日本軍占領下の上海では、軍統や国民党系特務機関のCC団（名前の由来はリーダーの陳果夫《ちんかふ》・陳立夫《ちんりつぷ》兄弟の頭文字をとったなど諸説ある）による抗日

海南島内主要自治委員会一覧（汪兆銘政権成立以前）

成立組織	指導者（職名）	成立年月日
瓊山県治安維持会	李志健	1939年2月
儋県治安維持会	呉卓峰（総会長）	1939年4月
瓊崖自治委員会	趙士桓（委員長）	1939年5月
昌江県維持総会	董必安（会　長）	1939年7月
文昌治安維持会総会	呉清泮（会　長）	1939年10月
臨高治安維持総会	林桂森（総会長）	1939年11月
万寧県維持会	朱徳輝（第一会長）	1940年2月

出典：該当各県誌・市誌。政権の呼称は各誌の記述に依った。

テロが相次ぎ、前述のように一九三九年二月には、維新政府外交部長の陳籙《ちんろく》が軍統によって暗殺されました。このようなテロ行為に対抗するため、日本側は元CC団幹部の李士群《りしぐん》と丁默邨を利用するのです。

李士群は一九〇五年、浙江省遂昌《すいしょう》県生まれ。若い頃に革命運動の影響を受けて共産党に入党し、二〇年代に上海で新聞記者になりすましながら、中央の地下工作に従事しました。

一九三二年、李士群は国民政府側に逮捕されると転向し、CC団の一員として活動を始めます。まもなく、李は上海で同じくCC団の丁默邨らと『社会新聞』を発行して、共産党を攻撃する言論活動を展開します。しかし、一九三三年、CC団内の暗殺事件に関係したとの疑いで逮捕され、CC団内で激しい拷問を受けました。以後、李はCC団から徐々に距離を置くようになりました。

一九三八年夏、李士群は転任の隙を狙って香港に逃れると、日本総領事の中村豊一《なかむらとよいち》の紹介で、上海にいた日本大使館書記官の清水董三《しみずとうぞう》のもとに身を寄せます。李は日本大使館で情報収集の業務に携わるかたわら、日本側の要請で特務機関の設立に着手し、丁黙邨を仲間に引き入れました。当時、丁は軍統に所属していましたが、蔣介石の信任を得て軍統内で権力を握った戴笠《たいりゅう》と対立していたのです。

一九三九年二月、李士群と丁黙邨は日本軍の支援を受けて特工総部を組織し、汪兆銘政権成立後は政権の特務機関として活動を始めます。特工総部は上海市内で日夜、反汪兆銘政権派に対するテロ活動を繰り返したため、人々から恐れられたのです。

特工総部は所在地の名をとって「ジェスフィールド七六号」、または単に「七六号」とも呼ばれました。この名を聞いただけで上海市民は震えあがったといわれています。

特工総部は、ときにテロに見まわれることもありました。特に有名なのが鄭蘋茹《ていひんじょ》（日本では「テンピンルー」という呼び名で知られていた）による丁黙邨暗殺未遂事件です。

鄭蘋茹は一九一四年五月、東京で中国人留学生と日本人女性の次女として生まれました。一九一六年、一家で中国に戻った鄭は、南京と上海で多感な少女時代を過ごします。日本軍が満洲事変や第一次上海事変を引き起こして中国に侵略の手を伸ばすと、鄭は中国の国難を救うべく抗日運動に参加。しかし、同時に日本人女性の子どもということで、他人から馬鹿にされる屈辱も味わいました。

モデルとしても活躍した鄭蘋茹（『魔都上海に生きた女間諜』）。2007年に丁默邨暗殺事件を題材にした『ラストコーション』（原題『色・戒』、李安（アン・リー）監督作品）が公開された。

鄭蘋茹は天性の美貌《びぼう》からグラフ誌の表紙を飾るなどして活躍していましたが、それに目をつけたCC団上海地区工作員の陳宝驊《ちんほうか》からスカウトを受け、CC団の諜報員《ちょうほういん》として活動するようになります。鄭は、蔣介石との直接和平の糸口を探っていた日本側関係者と接触して汪兆銘工作の情報を手に入れたり、上海の東亜同文書院で学生主事をしていた近衛文麿の子・文隆《ふみたか》に近づいて日本側の動向をつかむなど、ときには色仕掛けを用いたりしながら諜報活動を続けていきました。

一九三九年五月頃、鄭蘋茹は丁默邨に近づいて恋愛関係となると、一二月、丁をショッピングに誘い出して、待ち構えていた仲間に暗殺させようとしました。しかし、危険を察知した丁に間一髪のところで逃げられてしまいます。それからまもなくして、鄭は逮捕（自首したという説もあり）され、一九四〇年二月、日本軍憲兵によって処刑されました。享年二五でした。一方の丁も暗殺未遂事件を引き起こしたことが強く働き、特工総部を追われる羽目になります。

清郷《せいきょう》工作

汪兆銘政権は軍隊や警察、特工総部などを使ってテロを防いだり、政権に対する批判を抑え込んだりしていました。それらの活動のなかで、一定程度の成果をあげたのが清郷工作で

1941年3月29日、還都一周年を前に捕虜500人が釈放され、汪兆銘軍に編入された（『写真週報』第163号、1941年4月）。

す。清郷とは、地域の治安を脅かす武装集団を見つけて撃退することをいいます。国民政府は農村に潜んだ共産党軍を掃討するために、以前から清郷を繰り返していました。汪兆銘政権が統治した長江《ちょうこう》下流域は新四軍の活動拠点で、新四軍は抗日根拠地を拡大させながらゲリラ活動を展開していました。

清郷工作は一九四一年初め、汪兆銘政権軍事顧問の晴気慶胤と李士群が企画します。計画は、最高軍事顧問に就任していた影佐を通じて汪兆銘に承認され、支那派遣軍も賛同しました。

支那派遣軍は汪兆銘政権側と清郷工作の準備を進め、三月には蘇州《そしゅう》に支那派遣軍隷下の第一三軍が清郷司令部を設置します。汪兆銘政権も中央政治委員会を開き、清郷委員会を設けることを決定しました。

日中双方の協議の結果、清郷工作は治安の確立と経済の改善を目的とし、最初に軍事力で清郷を行い、次に清郷地域を封鎖して治安を維持し、最後に政治・経済・教育などを復旧させ、統治を安定させる順序で進められることになったのです。

清郷工作は、一九四一年夏から長江下流域の蘇州一帯（蘇南《そなん》）で始まり、工作が終了する一九四三年五月までに、浙江省北部から安徽省南部にかけて行われました。日中両軍の攻撃で新四軍を追い出した地域を封鎖する際には、竹を縄でくくった竹矢来や切株が用いられました。たとえば無錫《むしやく》の北西にある武進《ぶしん》県で清郷工作が行われたときには、全長五十七キロメートルを封鎖するのに、太い竹を五万本、細い竹を一四一万七六〇〇本、切株四八二五本が使用されたのです。また、封鎖地区には検問所も設けられ、蘇州地区には最も多い八七カ所の検問所が設置されました。

一九四二年に清郷地区を視察した経済学者の石濱知行《いしはまともゆき》によると、蘇南の新四軍は清郷工作により四分の一の兵力を失い、清郷による混乱でさらに損害を被っていたといいます（『清郷地区』）。

政権宣伝部長はゲッベルスと比較された

日本軍占領地に成立した汪兆銘政権は、脆弱《ぜいじゃく》な政権基盤を補強するため、治安の維持に腐心する一方、民衆動員運動を展開し、住民の支持を獲得しようと試みました。板垣征四郎支那派遣軍総参謀長と辻政信《つじまさのぶ》参謀の働きかけで、汪兆銘は東亜聯盟《れんめい》運動を開始し、一九四一年二月、関係諸団体を結集して、南京に東亜聯盟中国総会を発足させます。

汪兆銘政権海軍所属の練習艦「海興」。同船はもともと国民政府海軍所属の軍艦「永績」で、湖南省洞庭湖付近の岳州で日本軍に鹵獲され、改修を受けた後、1940年4月22日に汪兆銘政権側に引き渡された（『写真週報』第120号、1940年6月）。

東亜聯盟とは、来る日米最終決戦に向けた日満華三国の提携を実現するために、石原莞爾の呼びかけで結成された政治団体です。汪兆銘は東亜聯盟を推進することで日中提携を促進し、民衆に抗日から親日へと思想の転換を促して、日中和平を実現しようとしました。しかし、それからまもなくして、日本政府は東亜聯盟運動が掲げていた「政治の独立」という考えが天皇を中心とする日本の国家主権を脅かす恐れがあるとして批判し、汪兆銘政権は東亜聯盟運動を表だって推進することができなくなりました。

そこで、汪兆銘政権が新たに始めたのが新国民運動です。一九四二年一月に発表された「新国民運動綱要」によると、新国民運動の真髄は三民主義の原点に返ってそれを実現することにあり、それに必要な国家に奉公する精神を運動で養うとされました。また、汪兆銘政権は、新国民運動を推進することで、英米と開戦したばかりの日本の戦時総動員体制に民衆を参加させることも狙っていました。七月一日には新国民運動促進委員会が発足し、運動の宣伝や民衆の訓練、ボーイスカウトや青年団の設立などを実施します。

なお、新国民運動を指導した汪兆銘政権宣伝部長の林柏生は、しばしばナチス・ドイツで宣伝相を務めたヨーゼフ・ゲッベルスと比較されました。

戦時総動員体制を構築するため、汪兆銘政権は民衆に贅沢《ぜいたく》を禁じたり、国民服を制定したりして統制を図る一方、金属献納運動や愛国献機運動、勤労奉仕などを通じて、民衆を戦争遂行に協力させます。たとえば、勤労奉仕で一般民衆に課された任務は、防空救護と消防、治安の維持や世帯調査、鉄道・道路・橋・港の修築、開墾と植林、公衆衛生、アヘン・酒・売春・賭博《とばく》禁止への協力で、学生にも課外労働として、農業実習・道路の修築・開墾・河川の浚渫《しゅんせつ》などを行わせました。しかし、民衆はこれら汪兆銘政権の施策を支持せず、協力も限定的でした。

その結果、新国民運動も汪兆銘政権が期待したほど盛り上がることはなく、政権崩壊前に終了しました。

林柏生（『写真週報』第110号、1940年4月）。

法幣の支配を破れなかった経済政策

ここで、汪兆銘政権の経済体制について触れておきましょう。汪兆銘政権の財政機構は上から中央政府、省ならびに特別市政府、県政府と分かれていて、行政院所属の財政部がそれらを管掌していました。財政部の下には関務署・財務署・塩務署・統務署、賦務署・公債署・国庫署・銭幣司・会計処の九つの組織があり、財政部長に就任した周仏海がそれらを監督して、政府の財政を掌握していたのです。

また、財政部とは別に、汪兆銘政権は経済関係部門の管理と指導を強化するため、一九四〇年一二月一九日、行政院の下に（のちに政府直属）、汪兆銘を委員長、周仏海を副委員長とする全国経済委員会を設置します。全国経済委員会の任務は国家経済の建設や計画について策定することとされ、日本人顧問として阿部信行《あべのぶゆき》内閣で大蔵大臣を務めた青木一男《あおきかずお》や、和平工作で活躍した犬養健が招聘《しょうへい》されました。

汪兆銘政権の主な財政収入は関税・統税・塩税で、三つの税だけで総収入の八〇パーセント以上を占めていました。しかし、関税については、日本側から汪側に新中央銀行創設の準備金四〇〇〇万元を貸与される際の担保とされ、横浜正金《よこはましょうきん》銀行がこれを管理するという取り決めとなっていました。

汪兆銘政権は、日本側の資金協力を得るなどして、一九四一年一月六日、南京に政権の中央銀行である中央儲《ちょ》備《び》銀行（以下、儲備銀行）を開行します。資本金は一億元で、総裁には財政部長の周仏海が就任し、開業とともに法幣と等価の儲備券の発行を開始しました。儲備券の図柄には孫文と孫文を祀《まつ》った中山陵《ちゅうざんりょう》が採用され、汪兆銘政権が孫文の意志を継いだ正統政権であることが示されていました。また、儲備券の登場により、維新政府が設立した華興《かこう》商業銀行は華興券の発行を停止し、一般銀行として引き続き営業されます。

儲備券発行開始時、華中の日本軍占領地では軍票も流通していましたが、太平洋戦争開戦後まもなく、興亜院《こうあいん》は華中の幣制統一を進めるため、儲備券を使った法幣の回収と軍票の新規発行停止を決めます（実施は一九四三年三月二四日）。これを受けて儲備銀行は同月、軍票の正金銀行建値を儲備銀行建値に改めるとともに、儲備券の対法幣等価の離脱を発表し、六月一日から法幣の回収を始めました。

しかし、華北の聯銀券と同様、儲備券も法幣の支配を打ち破ることができず、貨幣価値をどんどん落としていきます。さらに、華中での日本軍の戦費が儲備券で賄われたため、湯水のごとく儲備券が発行されました。その結果、儲備券が流通した地域は猛烈なインフレに見まわれます。日本側の資料によると、儲備券の発行量は開行後の一九四一年七月時点で七六二四万円でしたが、戦争が終結する一九四五年八月には二兆六九七二億三一〇〇万円に激増していました（日本銀行調査局編『日本金融史資料　第三〇巻』）。

儲備券もはじめは一元・五元・一〇元の兌換《だかん》券と、五分・一〇分・一角・五角の輔幣《ほへい》券が発行されていましたが、その後、二角券・一〇〇元券・五〇〇元券・一〇〇〇元券・五〇〇〇元券・一万元券・一〇万元券と、インフレに対応するための高額紙幣が登場しました。

アヘン専売から禁絶への転換

汪兆銘政権は、関税・統税・塩税以外にもさまざまな名目を設けて財源を確保しましたが、そのなかでも政権の財政を特に支えたのは、アヘン専売による収入です。汪兆銘政権のアヘン専売制度は、吸収合併した維新政府の制度を引き継ぐ形で始まりました。宏済善堂《こうさいぜんどう》（詳細は第三章参照）の実権は里見ら日本側が握っていたため、汪兆銘政権はアヘン販売収益の一部しか渡されませんでした。

汪兆銘政権は各種アヘン政策を実施するため、一九四〇年九月二四日、臨時・維新両政府がすでに撤廃した国民政府のアヘン禁令（禁煙・禁毒治罪暫行条例）を廃止すると宣言。しかし、汪兆銘政権領内にアヘンが流通すると、各地で深刻なアヘン中毒の被害が報告されるようになりました。

このため、汪兆銘政権は一九四四年二月二五日、「禁煙辦法大綱」を公布し、廃止した国民政府のアヘン禁令を復活させ、四六年までの三カ年でアヘンを禁絶させる計画を立てます。さらに、同月末、宏済善堂を解散させ、業務を汪兆銘政権の禁煙総局に引き継がせます。これにより、汪兆銘政権が主導してアヘン禁絶計画が実行されることになりました。しかし、アヘンが禁絶されれば、貴重なアヘン専売の収入も絶たれることになり、政権にとっては大きな痛手でした。

日華基本条約締結式典。左に座るのが汪兆銘、右に座るのが日本政府特使の阿部信行（『写真週報』第147号、1940年12月）。同日、「日満華三国共同宣言」も発表され、日本・満洲国・汪兆銘政権間の相互主権尊重・善隣友好・共同防共・経済提携が約束された。

日本から租界返還と治外法権撤廃を勝ち取る

汪兆銘政権にとって、日本政府との関係は、政権を維持していくうえで欠くことができませんでした。はたして、汪兆銘政権は日本政府とどのような関係を築いたのでしょうか。

一九四〇年七月、日汪両政府は前年一二月の日支国交調整原則に関する協議会での決定事項にもとづいて、国交関係を条約化するための話し合いを始めます。このとき、日本は宋子文《そうしぶん》の弟の宋子良《しりょう》を介した重慶政府との直接和平交渉（桐工作、宋子良工作）に期待をかけていて、汪兆銘政権との国交協

1940年5月21日、日本政府に祝賀の返礼をするために東京を訪れた汪兆銘政権答礼使節団。前列右が陳公博、その隣が褚民誼。陳公博の左後ろは林柏生、ひとりおいて右は陳群（『写真週報』第118号、1940年5月）。

汪一行の来日を沿道から歓迎する在京華僑団体（『写真週報』第174号、1941年6月）。在日華僑の多くも汪兆銘政権を支持した。

議を進展させることと、宋子良工作を実行することを天秤《てんびん》にかけていました。

しかし、一一月になって宋子良工作が不調に終わる（その後、桐工作の交渉に携わっていた宋子良自体が国民政府のスパイ〔「宋子良」を演じていたのは軍統工作員の曾紀宏《そうきこう》〕であったことが判明）と、国交協議が本格化し、同月三〇日、日汪両政府は「日本国中華民国間基本関係に関する条約」、通称「日華基本条約」を締結。この条約により、日本政府と汪兆銘政権との間で正式な「国交」が結ばれるとともに、「日支新関係調整要綱」で規定された三つの基本原則や駐兵などが条文化されます。

また、日汪関係の発展のため、汪兆銘

1941年6月、来日した汪兆銘一行を東京駅ホームで出迎える近衛首相（手前）ら日本政府首脳陣（『写真週報』第174号、1941年6月）。

上海租界の返還に喜ぶ民衆（『写真週報』第 286 号、1943 年 8 月）。

政権に対する日本の治外法権を撤廃し、上海租界も返還されることになりました。

このように、汪兆銘政権は日本政府と関係を深めつつ、なおも和平の道を模索していたのです。しかし、一九四一年一二月八日、太平洋戦争が始まると、参戦問題が政権に重くのしかかってきます。

太平洋戦争の開戦について、汪兆銘政権は事前に日本から何も知らされていませんでした。そのため、開戦の情報がもたらされると、汪兆銘は閣僚を招集し、今後の対策について協議を開きます。しかし、閣僚の一部から日本の対英米戦の勝利を疑問視する声があがり、統一した結論を出すことができませんでした。

そのなかにあって、周仏海は重慶政府が英米側について対日参戦（重慶政府は一二月九日に対日宣戦布告）したのであれば、汪兆銘政権も日本と同じく対英米宣戦布告をする必要があると主張。そして、一九四二年七月、周仏海は日本を訪問して日本政府に対し、汪兆銘政権に参戦の意思があることを伝え、その後も同様のことを日本側に訴えかけました。しかし、このとき、日本政府は依然として重慶政府との直接和平交渉に望みを託していて、かりに汪兆銘政権が参戦した場合、和平交渉の妨げになる可能性があったため、周の申し出を断ります。

九月二二日には、日本政府特使として南京を訪れた平沼騏一郎元首相一行に対し、汪兆銘は改めて参戦の旨を訴えましたが、平沼は廟議《びょうぎ》未決定と答えるに止《とど》まりました。小林英夫《こばやしひでお》によると、汪兆銘らが参戦にこだわったのは、参戦による政権の基盤強化と、参戦と引き換えに、日本に日華基本条約で定めた租界返還と治外法権の撤廃を実現させるためでした（『日中戦争と汪兆銘』）。

日本政府は期待していた重慶政府との直接和平交渉に進展がみられなかったことから、一〇月二九日、大本営政府連絡会議を開き、汪兆銘政権の参戦希望を認めました。これを受けて汪兆銘政権は、治外法権の撤廃ならびに租界返還に関する協定案などの作成に入り、一九四三年一月九日、対英米宣戦布告を行うとともに、「戦争完遂ニ付テノ協力ニ関スル日華共同宣言」にサインして、戦争遂行のために日本に協力することを発表しました。さらに同日、汪兆銘政権は「租界還付及治外法権撤廃等ニ関スル日本国中華民国間協定」にも調印し、租界回収と治外法権撤廃の作業に入ります。そして、八月一日、上海共同租界の返還をもって作業は終了しました。

この日汪両政府による不平等条約の解決をみた英米も、重慶政府との不平等条約の解消に乗り出します。一九四三年一月一一日、英米両政府はそれぞれ重慶政府と不平等条約解消の条約に調印し、ドイツの傀儡政権だったフランスのヴィシー政府も上海租界返還と治外法権撤廃を宣言しました。この租界返還と治外法権撤廃の実現は、汪兆銘政権の対日外交の数少ない勝利のひとつといえます。

さらに、汪兆銘政府は日本政府に対し、汪兆銘政権にとって不平等な内容だった日華基本条約の改訂を申し入れ、協議を重ねた末、一〇月三〇日「日本国中華民国間同盟条約」(日華同盟条約)が成立し、これまで懸案となっていた日本軍の駐兵に関する項目が削除されました。そして、一一月五日、東京を訪れた汪兆銘は、中国と東南アジアの六つの親日政権(インド・ビルマ・タイ・フィリピン・中国(汪兆銘政権)・満洲)の首脳を一堂に集めて開かれた大東亜会議に出席し、六日、全出席者とともに、アジアの「解放」を謳《うた》った「大東亜共同宣言」を採択します。

このように、汪兆銘政権は外交面で日本と渡り合って自らの主張を認めさせながら、中華民国の「正統政権」としての地位を着実に築き上げていきました。

汪兆銘死す

しかし、政権維持の努力を続けるなか、汪兆銘に悲劇が訪れました。

一九四三年一一月、南京を訪問した日本人医師団の診察を受けた際に、一九三五年一一月に遭った狙撃事件の治療で摘出できなかった銃弾が原因で、肋間《ろっかん》神経痛を起こしていることがわかったのです。ただちに汪は銃弾の摘出手術を受けましたが、術後の回復は思わしくな

大東亜会議に出席した各政権代表。左からビルマ代表バー・モウ首相、満洲国代表張景恵国務総理、中国代表汪兆銘主席、日本代表東條英機首相、タイ代表ワンワイタヤコーン親王（首相代理）、フィリピン代表ラウレル大統領、自由インド仮政府首班スバス・チャンドラ・ボース（オブザーバー）。

く、今度は新たに脊椎《せきつい》カリエスによる圧迫性脊髄麻《ま》痺《ひ》を起こしていることが判明します。

汪兆銘はふたたび手術を受けるため、一九四四年三月三日、飛行機で来日し、名古屋帝国大学附属病院に入院しました。翌四日に汪は無事手術を終えましたが、その後骨髄腫《こつずいしゅ》になっていることもわかり、引き続き治療を受けることになります。

しかし、すでに手の施しようがなく、一一月一〇日、汪は六一歳の壮絶な生涯を閉じました。遺体は小磯《こいそ》国昭《くにあき》首相など日本政府関係者に見送られながら日本を離れ、一一月二三日、南京で政権主催の「国民葬」が営まれたのち、南京の梅花山《ばいかさん》山麓《さんろく》に埋葬されました。汪の後継指導者には、陳公博が就任します。

汪兆銘の国民葬が執り行われる前日の一一月二二日、エジプトのカイロでフランクリン・ルーズベルト米大統領、ウィンストン・チャーチル英首相、蔣介石が会談し、一二月一日、戦争終結後の連合国の対日方針についてまとめた「カイロ宣言」を発表しました。

国民政府は盧溝橋事件勃発後から共産党と第二次国共合作を結成して、日本軍に対し共同戦線を張っていましたが、戦線が膠着《こうちゃく》した一九四〇年頃から国共合作はほころび始め、戦争末期になると、日本軍をよそに両軍で衝突を繰り返す事態となっていました。

このような状況に目を付けた陳公博は一一月二六日、南京国民党中央臨時全体会議の席上で、重慶政府と汪兆銘政権との反共連合の結成を提案します。また、一九四五年に入ると、陳公博は支配領域の蘇州や杭州《こうしゅう》、安徽省南部を視察に回りながら、反共実現に向けての重慶政府との国家統一の必要性を訴え続けました。

しかし、八月六日と九日に、アメリカは日本の広島と長崎にそれぞれ原子爆弾を投下し、九日、ソ連が突如対日宣戦布告をして満洲や樺太《からふと》などに侵攻すると、日本の敗北は確定的となります。八月一五日、日本軍の無条件降伏などを求めた「ポツダム宣言」の受諾が天皇から発表され、盧溝橋事件に端を発した日中戦争、ならびに太平洋戦争は終結しました。

そして、谷正之《たにまさゆき》中国大使らから日本がポツダム宣言を受諾したことを通告された陳公博は、一六日、政権の解散を宣言し、和平政府として立ち上がった汪兆銘政権はここに幕を閉じることになったのです。

多くの傍聴者の前で「漢奸裁判」に臨む陳公博（『審詢汪偽漢奸筆録　上』）。

「漢奸裁判」に出廷する周仏海（『審詢汪偽漢奸筆録　上』）。

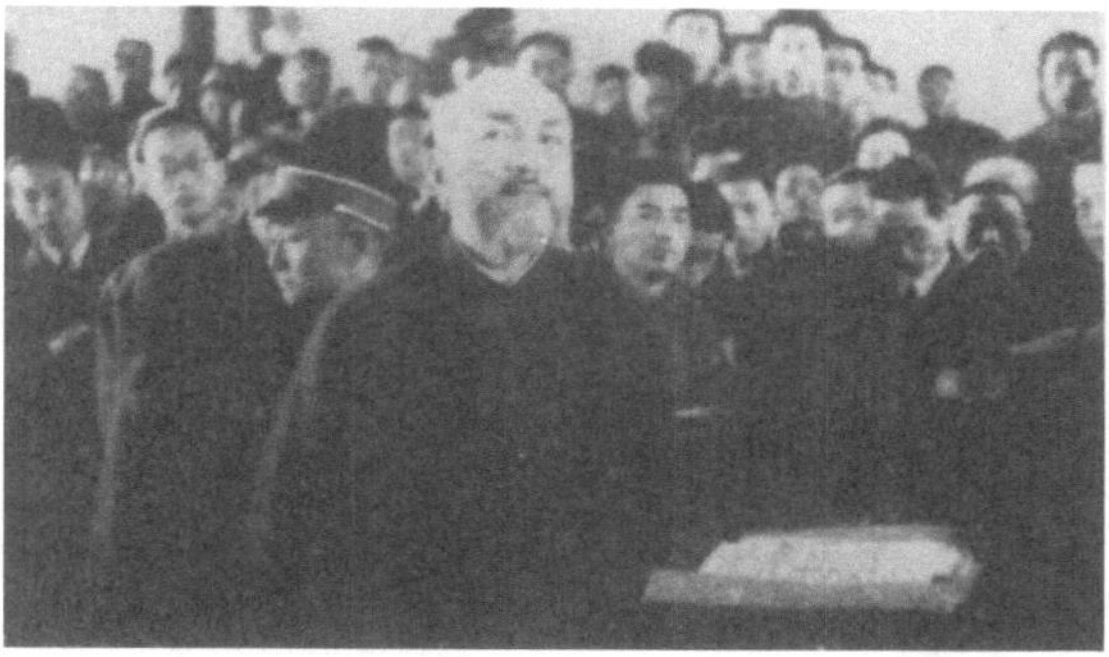

「漢奸」として裁きを受ける褚民誼（『審訊汪偽漢奸筆録　上』）。

銃殺刑を受け地に斃れる梅思平（『審訊汪偽漢奸筆録　上』）。銃殺刑に処された漢奸は梅思平のように非常に哀れな死姿を晒された。

戦後も汪兆銘ら漢奸は中国の人々から忌み嫌われた。南京には跪いた姿の汪兆銘とその妻陳璧君の石像が作られ、蔑視の対象とされた（写真はその像を描いた絵、『王精衛集団叛国投敵記』）。現在、その像は撤去されている。

汪兆銘政権主要職官表（1940年）

役　　職	初　　代
国民政府代理主席	汪兆銘
行政院長	汪兆銘
立法院長	陳公博
司法院長	温宗堯
考試院長	王揖唐
監察院長	梁鴻志
軍事委員会委員長	汪兆銘
内政部長	陳　群
財政部長	周仏海
外交部長	褚民誼
軍政部長	鮑文樾
海軍部長	汪兆銘
教育部長	趙正平
工商部長	梅思平
農鉱部長	趙毓松
鉄道部長	傅式説
交通部長	諸青来
社会部長	丁黙邨
宣伝部長	林柏生
警政部長	周仏海
司法行政部長	李聖五
賑務委員会委員長	岑徳広
辺疆委員会委員長	羅君強
水利委員会委員長	楊寿楣
僑務委員会委員長	陳済成

出典：聞少華『王精衛伝』（団結出版社、2007年）、198〜199頁をもとに筆者作成。

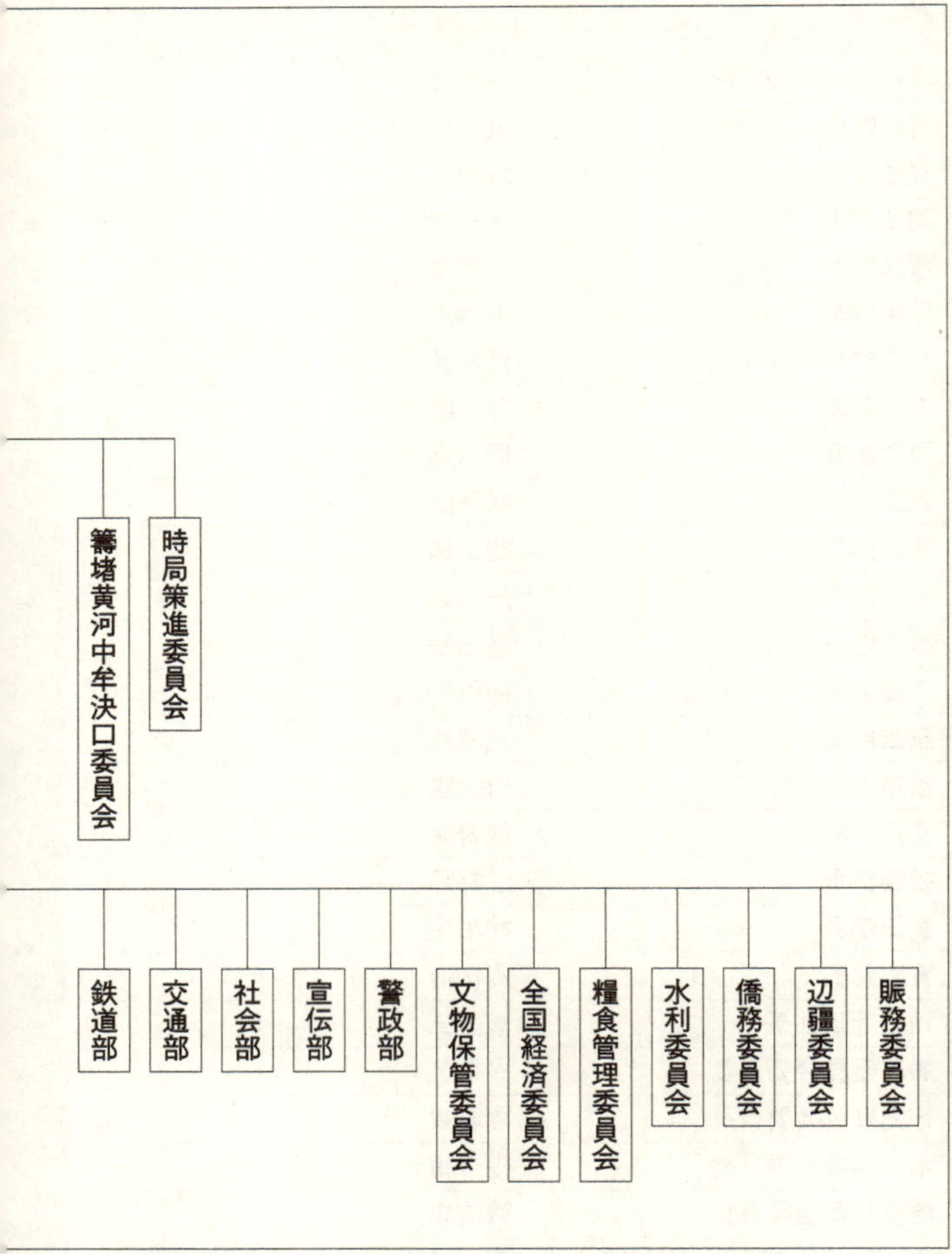
籌堵黄河中牟決口委員会
時局策進委員会
鉄道部
交通部
社会部
宣伝部
警政部
文物保管委員会
全国経済委員会
糧食管理委員会
水利委員会
僑務委員会
辺彊委員会
賑務委員会

をもとに筆者作成。

汪兆銘政権政府組織概要図（1941年）

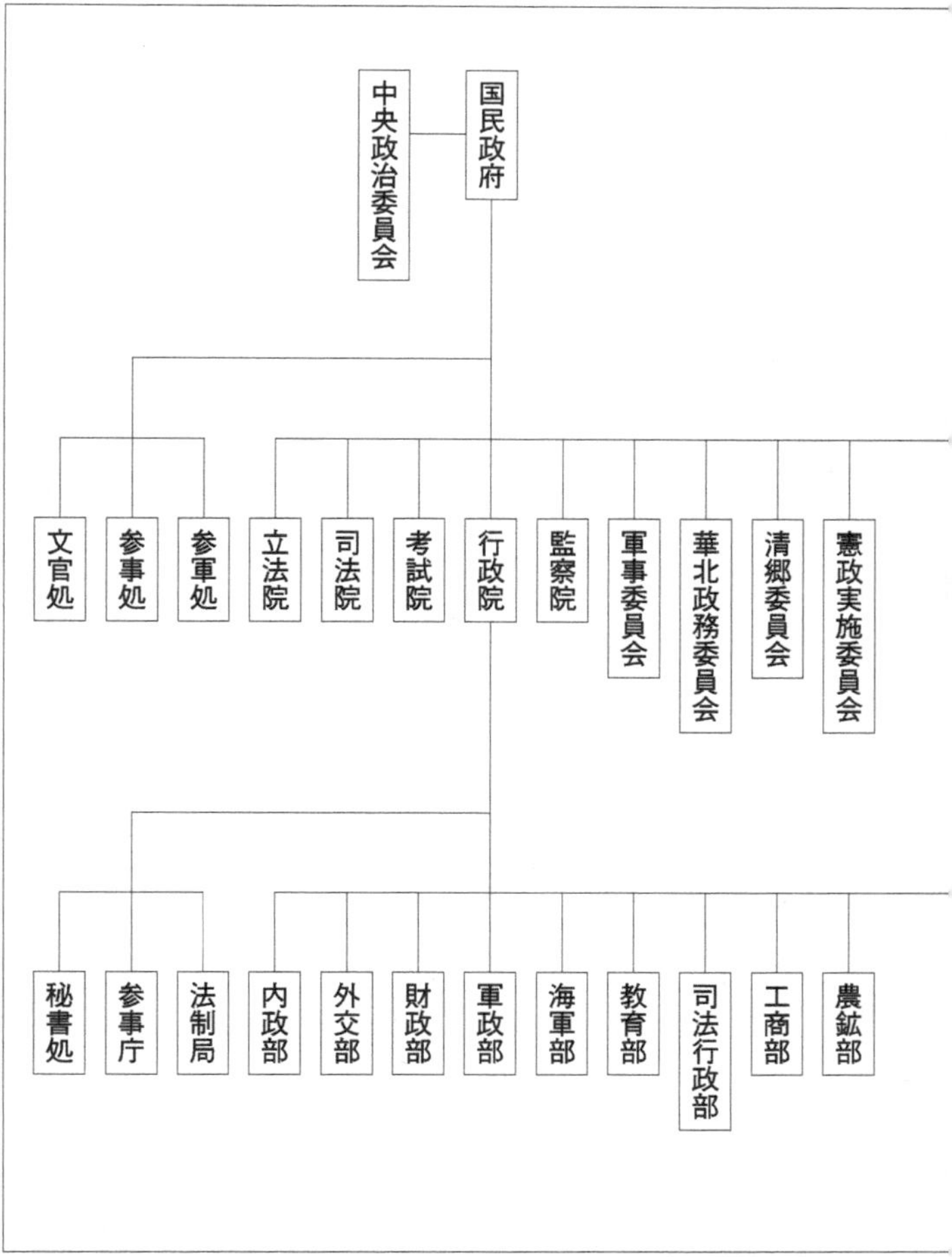

出典：郭卿友主編『中華民国時期軍政職官誌 下』（甘粛人民出版社、1990年）、1988頁

おわりに

一九四五年九月九日、支那《しな》派遣軍総司令官の岡村寧次《おかむらやすじ》大将は、南京《ナンキン》の中央陸軍軍官学校大礼堂で中国側から示された降伏文書にサインし、約八年に及ぶ日中戦争が幕を閉じます。

その直後から中国で始まったのが、「漢奸《かんかん》狩り」といわれた傀儡《かいらい》政権関係者の誘《おび》き出しと逮捕でした。平津《へいしん》地区では、同年一二月までに華北政務委員会関係の官吏二五〇人が逮捕され、その後、河《か》北《ほく》省や山東《さんとう》省で合わせて約六〇〇人が漢奸として捕らえられます。

彼らはどのようにして捕まったのでしょうか。彼らの逮捕に携わった、軍統北平　粛奸《しゅくかん》委員会司法組組員の李俊才《りしゅんさい》は、その一例を次のように回想しています。

「戴笠《たいりゅう》は一九四五年一二月四日夜に逮捕を始めることを決めた。馬漢三《ばかんさん》は北平行営特察処処長の身分で、あらかじめ書類で調べられていた漢奸らに『招待状』を送り、宴席を開くという名目で誘い出した。

（引用者中略）四日夜になり、多くの漢奸が時間どおりにやってきた。宴席が始まってまもなく、行動組は事前に配置していた人員で一気に会場を制圧し、漢奸を逮捕した」（「軍統在北平逮捕漢奸」）

江蘇《こうそ》省では、漢奸裁判が始まる一九四六年四月上旬までに、すでに八〇〇人あまりの漢奸が逮捕されたうえで、江蘇高等法院看守所に勾留《こうりゅう》されていました。同所にいたのは梁鴻志《りょうこうし》、陳公博《ちんこうはく》、褚民誼《ちょみんぎ》ら、維新政府と汪兆銘《おうちょうめい》政権の主要幹部でした。

約二年半続いた漢奸裁判では、漢奸の容疑で出廷した被告たちのさまざまな姿が公にされました（『漢奸裁判史』）。

たとえば、一九四四年一一月に汪兆銘が亡くなると、彼の後を継いで政府主席となった側近の陳公博は、「八年来の追憶」と題する長文の自白書と答弁書で自己の潔白を表します。法廷で陳は身を正してまっすぐ裁判官に顔を向け、理路整然と答弁をしました。その誠実な姿は中国各紙で取り上げられ、多くの人々に称賛されました。また、彼の自白書と答弁書はのちに出版され、読者の同情を集めたといわれています。

これに対し、華北政務委員会委員長を長く務めた王揖唐《おうゆうとう》は、裁判のはじめに「自分は銃殺されるべきである」と述べたのを最後に、判決が出るまでことばを発しませんでした。王は戦時中の行為を一切抗弁せず、漢奸という運命を受け入れたのです。

日中和平工作のとき、漢奸といわれるであろうと皮肉な発言をした梅思平《ばいしへい》は、漢奸裁判でどのように弁明をしたのでしょうか。

裁判で検察官から起訴状が読み上げられると、梅思平は次のように陳述し、漢奸として処罰されることに反対しました。

「香港で和平を折衝したのは、密令を受けてやったことである。汪先生と行動を共にしたのは、意見を同じうしたからに外ならず、偽政府に参加したのは、これによって日本の攻勢を緩め、淪陥区《りんかん》（日本軍の中国占領地のこと――引用者注）人民を救い、日本と闘争をすることにあって、敵国に通謀《つうちょう》し本国に反攻を企図したものではない」

結局、彼ら三人は、ほかの主要幹部と同じく死刑判決を受け、漢奸というレッテルを貼られたままこの世を去ったのです。

漢奸も、そして彼らが作った傀儡政権も、結果として日本の中国侵略を助長し、日中戦争を長引かせた元凶であったことは言うまでもありません。密貿易を奨励して、国民政府の税収に被害を与え、日中関係だけでなく、欧米と日本との関係にも悪影響を及ぼした冀東《きとう》政権や、「ホテル政府」と揶揄《やゆ》され、日本側の意のままに日系企業を興し、アヘン専売を許して日本軍に多額の利益を提供した維新政府。彼らの行為は、断罪されてもやむを得ないかも知れません。

しかし、本書で明らかにしたとおり、漢奸のなかには、侵略者の日本とあえて手を組むことで、中国民衆を戦乱から救おうとし、戦争拡大を防ごうとした人物もいました。彼らは傀儡政権を作っても、いたずらに日本に従ったわけではなく、ときには日本側と対立しながら、諸問題を解決しようとしました。

たとえば、王克敏《おうこくびん》は多田《ただ》司令官の依頼を受けてスチュアート工作に着手し、日中和平の可能性を探します。汪兆銘ら和平派は、「和平救国」をスローガンに、危険を冒して日本側との和平に臨みました。しかし、それが果たせず、傀儡政権樹立の道を選びます。

汪兆銘政権は、ほかの政権と同じく日本側の指示のもとに政策を実行していきますが、ただ唯々諾々と従っていたわけではなく、太平洋戦争参戦問題では、参戦して日本に協力することと引き換えに、長らく懸案となっていた租界の回収と治外法権の撤廃を実現させました。

これらの事実は、漢奸や傀儡政権に相変わらず「負のレッテル」を貼り続けている限り、見えてこないのではないでしょうか。あるいは、見えていても見ようとしなかったのか。

日本の侵略に協力した漢奸や傀儡政権をただ批難することは簡単です。しかし、その「負のレッテル」を取り外し、できるだけ客観的にひとつひとつの事実を丹念にたどって評価することで、見過ごしていた真相が明らかになるのではないでしょうか。本書がその一助となれば幸いです。

最後に、KADOKAWA編集者岸山征寛《きしやまゆきひろ》さんはじめ、本書刊行にご協力いただいた方々に、この場を借りて厚く御礼申し上げます。

二〇一九年一一月

広中《ひろなか》　一成《いっせい》

主要参考文献

※筆者名の五十音またはアルファベット順。複数の章で使用した文献は初出のみ記した。

第一章　冀東防共自治政府（冀東政権）

江口圭一『十五年戦争小史』青木書店、一九八六年
秦孝儀主編『中華民国重要史料初編――対日抗戦時期　第六編　傀儡組織（三）』中国国民党中央委員会党史委員会、一九八一年
関智英「「冀東」の構想―殷汝耕と池宗墨―」『東洋史研究』第七八巻第一号、東洋史研究会、二〇一九年六月、一四七～一八五頁
土肥原賢二刊行会編『日中友好の捨石　秘録土肥原賢二』芙蓉書房、一九七三年
広中一成『通州事件――日中戦争泥沼化への道』星海社、二〇一六年
広中一成『冀東政権と日中関係』汲古書院、二〇一七年
益井康一『漢奸裁判史　1946-1948』みすず書房、一九七七年

山田豪一『満洲国の阿片専売――「わが満蒙の特殊権益」の研究』汲古書院、二〇〇二年
梁敬錞『日本侵略華北史述』伝記文学出版社、一九八四年

第二章　中華民国臨時政府（華北政務委員会）

Timothy Brook, *Collaboration; Japanese Agents and Local Elites in Wartime China*, Harvard University Press, 2007.
今井武夫『昭和の謀略』原書房、一九六七年
岩武照彦『近代中国通貨統一史　十五年戦争期における通貨闘争　上』みすず書房、一九九〇年
尹氷彦「華北日偽政権的建立和解体」文斐編『裁所知道的偽華北政権』中国文史出版社、二〇〇五年、一～三六頁
槐樹会刊行会編『北支那開発株式会社之回顧』私家版、一九八一年
王強『漢奸組織新民会』天津社会科学院出版社、二〇〇六年
岡田春生編『新民会外史　黄土に挺身した人達の歴史　前編』五稜出版社、一九八六年
岡田春生編『新民会外史　黄土に挺身した人達の歴史　後編』五稜出版社、一九八七年
奥野信太郎『随筆北京』平凡社、一九九〇年
何虎生『八年抗戦中的蒋介石１９３７～１９４５』台海出版社、二〇一一年

郭貴儒・張同楽・封漢章『華北偽政権史稿――従〝臨時政府〟到〝華北政務委員会〟』社会科学文献出版社、二〇〇七年
曹汝霖著・曹汝霖回想録刊行会編訳『一生之回憶』鹿島研究所出版会、一九六七年
多田井喜生編『続・現代史資料11　占領地通貨工作』みすず書房、一九八三年
中国人民政治協商会議天津市委員会文史資料研究委員会編『淪陥時期的天津』中国人民政治協商会議天津市委員会文史資料研究委員会、一九九二年
張憲文・方慶秋主編『蔣介石全伝』河南人民出版社、一九九六年
張洪祥主編『近代日本在中国的殖民統治』天津人民出版社、一九九六年
陳恭澍『北国鋤奸（「英雄無名」第一部）』伝記文学出版社、一九八一年
永津佐比重「治安軍錬成の思い出」『大東亜〔太平洋〕戦争戦史叢書18』朝雲新聞社、一九六八年八月、一〜三頁
秦郁彦『盧溝橋事件の研究』東京大学出版会、一九九六年
春名徹『北京――都市の記憶』岩波書店、二〇〇八年
広中一成「国立故宮博物院からの金属製文物の対日『献納』」『軍事史学』第一七九号、錦正社、二〇〇九年一二月、八九〜一一一頁
防衛庁防衛研修所戦史室『戦史叢書　支那事変陸軍作戦〈1〉』朝雲新聞社、一九七五年
防衛庁防衛研修所戦史室『戦史叢書　北支の治安戦〈1〉』朝雲新聞社、一九六八年

防衛庁防衛研修所戦史室『戦史叢書　北支の治安戦〈2〉』朝雲新聞社、一九七一年
堀井弘一郎「新民会と華北占領政策（上）」『中国研究月報』第五三九号、中国研究所、一九九三年一月、一～二〇頁
本間部隊本部編『昭和十四年　天津水災誌』本間部隊本部、一九四〇年
余子道・曹振威・石源華・張雲『汪偽政権全史　上巻』上海人民出版社、二〇〇六年
李躍森『司徒雷登伝』中国広播電視出版社、二〇〇四年
林孟熹『司徒雷登与中国政局』新華出版社、二〇〇一年

第三章　中華民国維新政府

維新政府概史編纂委員会編『中華民国維新政府概史』南京特別市行政院宣伝局、一九四〇年
井上久士編・解説『十五年戦争極秘資料集　第13集　華中宣撫工作資料』不二出版、一九八九年
江紹貞『戴笠和軍統』団結出版社、二〇〇九年
小林元裕『近代中国の日本居留民と阿片』吉川弘文館、二〇一二年
関智英「上海市大道政府と西村展蔵」『近きに在りて』第五二号、汲古書院、四三～五八頁
中支那振興株式会社編「中支那振興株式会社事業内容概説」依田憙家編『日中戦争史資料4　占領地区支配Ⅰ』、河出書房新社、一九七五年、五四五～五九九頁

秦郁彦『南京事件』中央公論社、一九八六年
堀井弘一郎「中華民国維新政府の成立過程（上）」『中国研究月報』第五六六号、中国研究所、一九九五年四月、一～二五頁
堀井弘一郎「中華民国維新政府の成立過程（下）」『中国研究月報』第五六七号、中国研究所、一九九五年五月、一七～二九頁
堀井弘一郎「日本軍占領下、中華民国維新政府の治政」『中国研究月報』第六二五号、中国研究所、二〇〇〇年三月、二七～五〇頁

第四章　中華民国国民政府（汪兆銘政権）

今井武夫『支那事変の回想』みすず書房、一九六四年
臼井勝美編『現代史資料13　日中戦争5』みすず書房、一九六六年
海南省地方史誌弁公室編『海南省誌――政府誌』海南出版公司、二〇〇三年
外務省編『日本外交年表並主要文書　下巻』原書房、一九六六年
風見章『近衛内閣』中央公論社、一九八二年
黄美真・張雲『汪精衛集団叛国投敵記』河南人民出版社、一九八七年
小林英夫『日中戦争と汪兆銘』吉川弘文館、二〇〇三年
小林英夫・林道生『日中戦争史論――汪精衛政権と中国占領地』御茶の水書房、二〇〇五年

蔡徳金編『七十六号――汪偽特工総部口述秘史』団結出版社、二〇〇七年
章伯鋒・庄建平主編『抗日戦争　第六巻　日偽政権与淪陥区』四川大学出版社、一九九七年
西義顕『悲劇の証人――日華和平工作秘史』文献社、一九六二年
聞少華『汪精衛伝』団結出版社、二〇〇七年
防衛庁防衛研修所戦史室『戦史叢書　支那事変陸軍作戦〈2〉』朝雲新聞社、一九七六年
堀井弘一郎『汪兆銘政権と新国民運動――動員される民衆』創土社、二〇一一年
余子道・曹振威・石源華・張雲『汪偽政権全史　下巻』上海人民出版社、二〇〇六年
劉傑『日中戦争下の外交』吉川弘文館、一九九五年

【写真・地図】

Who's who in China 5th ed., Shanghai: The China weekly review, 1936.
維新政府概史編纂委員会編『中華民国維新政府概史』南京特別市行政院宣伝局、一九四〇年
楳本捨三『将軍提督人物史伝』光人社、一九八七年
東亜問題調査会編『最新支那要人伝』朝日新聞社、一九四一年
東亜人文研究所編『冀東』東亜人文研究所、一九三七年

【雑誌】
『アサヒグラフ』朝日新聞社
『世界画報』国際情報社
『写真週報』内閣情報局
『歴史写真』歴史写真会

【新聞】
『冀東日報』冀東日報社
『東京朝日新聞』東京朝日新聞社

【ニュース写真】
『同盟写真ニュース』同盟通信社
『読売ニュース』読売新聞社

本書は二〇一三年七月に社会評論社より刊行された『ニセチャイナ　中国傀儡政権　満洲・蒙疆・冀東・臨時・維新・南京』を改題の上、再編集（第一章、第二章を割愛。コラムを割愛ないし統合）し、加筆修正したものです。

地図　本島一宏

広中一成（ひろなか・いっせい）
1978年、愛知県生まれ。2012年、愛知大学大学院中国研究科博士後期課程修了。博士（中国研究）。現在は愛知学院大学文学部歴史学科准教授。専門は中国近現代史、日中戦争史、中国傀儡政権史。戦争体験者へのオーラルヒストリーも独自に行っている。著書に『ニセチャイナ　中国傀儡政権　満洲・蒙疆・冀東・臨時・維新・南京』（社会評論社）、『冀東政権と日中関係』（汲古書院）、『通州事件 日中戦争泥沼化への道』『牟田口廉也 「愚将」はいかにして生み出されたのか』（星海社新書）などがある。

傀《かい》儡《らい》政《せい》権《けん》
日中戦争《につちゅうせんそう》、対日協力政権史《たいにちきようりよくせいけんし》
広中一成《ひろなかいつせい》

2019年12月10日　初版発行
2025年5月15日　6版発行

◆◇◇

発行者　山下直久
発　行　株式会社KADOKAWA
〒102-8177　東京都千代田区富士見2-13-3
電話　0570-002-301（ナビダイヤル）

装丁者　緒方修一（ラーフイン・ワークショップ）
ロゴデザイン　good design company
オビデザイン　Zapp!　白金正之
印刷所　株式会社KADOKAWA
製本所　株式会社KADOKAWA

角川新書

ISBN978-4-04-082313-3 C0222

KADOKAWAの新書 ❦ 好評既刊

地名崩壊
今尾恵介

「ブランド地名」の拡大、「忌避される地名」の消滅、市町村合併での「ひらがな」化、「カタカナ地名」の急増。安易な地名変更で土地の歴史的重層性が失われている。地名の成立と変貌を追い、あるべき姿を考える。

ぼくたちの離婚
稲田豊史

いま、日本は3組に1組が離婚する時代と言われる。離婚経験のある〝男性〟にのみ、その経緯や顛末を聞く、今までになかったルポルタージュ。〝人間の全部〟が露わになる、すべての離婚者に贈る「ぼくたちの物語」。

豊臣家臣団の系図
菊地浩之

豊臣の家臣団を「武断派・文治派」の視点で考察。「武断派」は「小六《ころく》・二兵衛《にへえ》・七本槍」の3世代別に解説する。本流「文治派」についても詳説し、知られざる豊臣家臣団の実態に迫る。家系図を多数掲載。

ネットは社会を分断しない
田中辰雄
浜屋　敏

多くの罵詈雑言が飛び交い、生産的な議論を行うことは不可能に見えるインターネット。しかし、10万人規模の実証調査で判明したのは、世間の印象とは全く異なる結果であった。計量分析で迫る、インターネットと現代社会の実態。

実録・天皇記
大宅壮一

日本という国にとって、天皇および天皇制とはいかなるものなのか。戦後、評論界の鬼才とうたわれた大宅壮一が、「血と権力」という人類必然の構図から、膨大な資料をもとにその歴史と構造をルポルタージュする、唯一無二の天皇論！